マケドニア
ペラ
オリュンポス山
メンデ
ドドナ
テッサリア
ポキス
デルポイ
イタケ
ボイオティア
テバ
コリントス
ミュケナイ
エギナ
オリュンピア
アルカディア
アルゴス
ペロポネソス半島
スパルタ
イオニア海
ラコニア
キュテ

ご馳走帖

古代ギリシア・ローマの食文化

丹下和彦

未知谷
Publisher Michitani

目次

ご馳走帖

古代ギリシア・ローマの食文化

一　マーザ　焼かないパン

古代ギリシアにアルキロコスという抒情詩人の走りのような男がいた。こういう詩の断片を残している。

槍にこそ　わが捏ねあげし黍麨《マーザ》はあれ、
槍にこそ　イスマロスの酒、
槍に凭れて　酒飲む、われは。
（呉茂一訳）

マーザとは何か。辞書には barley-bread「大麦パン」と出てくる（右の訳では黍の字が充てられている。黍と大麦とは同じイネ科でも違う。この訳語の使用の理由は不明である）。「パン」というが、焼いたものではなかったらしい。大麦の粉を水か湯で捏ねたもの、時には乳や蜂蜜を練り込んだもののようである。粗末な食い物である。けっして上等ではない。

筆者幼少の頃（先の敗戦後）、ハッタイ粉なるものを食したことがある。これは麦を炒って臼で挽き、粉にしたもので、これを湯水で練って食べる。いわゆる麦こがしである。そのままでもいいが、砂糖など甘味料を入れると美味しくなる。夏の日のオヤツだった。二階の六畳間を開け放って夏休みの宿題帳をやっていると、「石〜粉、きな粉にハッタイ粉ォ〜」と、リヤカーを引っ張りながら胴間声を上げて売り歩く婆の声が聞こえて来たものだ。

はったい粉こぼし一人の昼餉済む（河野緋佐子）

ともあるから、オヤツでなく軽い腹抑えとしても食されていたようだ。いずれにせよ高級な食べ物ではない。マーザもこれに似たものと思えば、当たらずとも遠からず、かもしれない。

右の引用にも「捏ねあげしマーザ」とある。「捏ねる」は原語でマッソー。マーザはここからきている。ただし先に書いたように焼かれはしなかった。焼く前の段階の練りものである。

練り具合が緩くなれば粥になる。事実、マーザが「大麦粥」と翻訳される場合もある。

古典古代ギリシア（前五、四世紀）のアテナイ（現アテネ）市民は一日に三度食事をした。この点われわれと同じである。日の出とともにまず朝食（アクラーティスマという）、正午ごろに昼食（アリストンという）、そして日没時に夕食すなわち正餐（デイプノンという）を食べた。この朝食に食べたのが大麦の粉を湯水で練ったもの、あるいは大麦の粥で、これをマーザと称した。大麦を溶く溶剤は水以外にワイン、オリーブオイルの場合もあった。また練る場合にも、動物の乳や蜂蜜を使う場合もあった。これは個々の懐事情に拠ったものだろうか。ハレの日には、今日は奮発して蜂蜜を、ということもあったろう。

これとは別に、朝食にパンを生のワインに浸して食べる場合もあった。このほうがやや上等と言えるかも知れない。いや最近、本邦の（いわゆる高級）レストランではパンとオリーブオイルという組み合わせが一般的である。パンをオリーブオイルに浸して食べろというのだが、これは果たして高級か、それとも低級か。

いずれにせよマーザは質素な食事である。先のアルキロコスの引用の場合、マーザは生き延びるための最低の食事ということだろう。詩の告げるところは、マーザを、それに酒も、つまり食生活の最低必需品を槍一本で稼ぎ出すということだ。これはこれでなかなか痛快だともいえる。ちなみにイスマロスとはギリシア北方トラキアの一地方で、銘酒の産地だった。さしずめ本邦で言う「灘の生一本」といったところだろうか。

伝えられるところによるとアルキロコスは前七世紀中頃の人で、生まれはエーゲ海の真ん中パロス島だとされる。そこの貴族の庶子（母親は女奴隷だったという）で、そのため遺産相続ができず、また失恋事件も絡んで在所を出奔し、植民団に加わって北方のタソス島に赴いた。しかしその生涯の大半は傭兵として過ごしたらしく、最後は故郷パロス島に帰ったものの、隣のナクソス島との抗争中に落命した。引用の断片は傭兵時代のものであろうか。

しかしここに暗さはない。槍一本に己の命と生活の資を賭ける男の心意気がよく歌いだされている。戦士にして文士、粋な伊達男の啖呵を聞くようではないか。

序《ついで》にいま一つ彼の詩断片を紹介しよう。

あの槍を、サイオイ人の誰かが持って

喜んでゐよう、それを私が
木立の傍に　心ならずも捨ててきたのを
　申し分ない武具だったが。
でも身一つは救かってきた、
　あの槍などに何の用がある、
勝手にしろ、また新規に
　負けをとらぬのを購って来ようさ。
（呉茂一訳）

ホメロスが去ってギリシア詩壇には新しい風が吹いてきた。叙事詩に代わる抒情詩である。叙事詩と抒情詩では、その韻律もさることながら、その歌う対象ががらりと変わった。いや、同じ対象でも歌い方、切り込む角度、言ってみれば詩人の対象を捉える視点が変わった。

右の引用断片は戦士と戦闘を歌う。トロイア戦争ほど大規模ではないにしても、他部族（サイオイ人とはエーゲ海北部のトラキア地方の一部族）との合戦の模様である。歌っている当の戦士（アルキロコスその人と見てよいだろう）は、敵の猛攻を受けて命からがら逃げてきた。だが逃げたことを恥じる様子はない。捨ててきた武具なんかまた買えばよいと言っている。武具よりも命のほうが大事だと嘯《うそぶ》いている。

トロイアで戦った戦士たちは名誉を武人の本分とした。その典型がアキレウスである。名誉に包まれた短命を無名の長命より優先した。そうした戦士にとって敵に背を向けること、いわんや武具を捨てて逃げ出すことなどもってのほかだろう。

しかしそうした旧来の価値観を、アルキロコスは一変させた。彼にとっては名誉よりも命のほうが大事である。武具を捨てて敵に背中を見せて逃げようと構わぬ。命を拾うことのほうが大切である。捨てた武具はまた買えばよいのである。

これは個人主義と言ってよいし、個の覚醒と言ってもよい。お仕着せの権威に捉われないで、地に足をつけて歩き始めた人々の姿が見える。のちの市民誕生の魁《さきがけ》である。

こういう断片もある。

地に倒した七人の死者、
走って追いついた七人の敵、
これを殺したわれわれは千人。

（岡道男・田中千春訳『ギリシア文明史』人文書院）

アルキロコスはまた鋭い諷刺精神の持ち主でもあったようだ。潔さ、人間らしさとともに。
この時代、武人アルキロコスの同類は数多くいたろう。彼らはしかし自己の行動を顕彰してもらうには他人（詩人）を必要としたが、武人アルキロコスはそれを自前で歌うことが出来る詩人でもあった。
話をマーザに戻すが、古典期の喜劇の中に次のように取り上げられている例がある。

アイスキュロス
それからおしゃべりと駄弁に熱中することをお前は教えた。
それでレスリング場はからになり、駄弁にふける若者どもの
尻はすり減ってしまった。またパラロスの乗組員に、
上官へ口答えするようそそのかした。わたしが生きていたころは、
大麦パン《マーザ》を、と叫んだり、「よいしょ」と唸ったりするしか知らなかったのに。
（アリストパネス『蛙』一〇六九～七二行、内田次信訳）

アリストパネスの『蛙』（前四〇五年上演）は、冥界へ降ったディオニュソス神がいまは故人となって冥界に住む悲劇作家のアイスキュロスとエウリピデスにそれぞれ自

作のＰＲをさせて優っている方をこの世へ連れ帰るという趣向の喜劇であるが、右の引用はアイスキュロスがエウリピデスの作風を貶している箇所である。そこにマーザが出てくる。

そのマーザを、この作品を校訂した研究者、たとえばソマースタインもスタンフォードも grub（食い物）と訳し、さらに説明してソマースタインは the staple food of the poor（貧乏人の主食品）、スタンフォードは a coarser kind of bread than artos（アルトスよりもさらに粗末な種類のパン。ちなみにアルトスとは小麦粉のパン）としている。いずれにしても質素な食い物であることは間違いない。さらにソマースタインはこれに註して uncooked barely-bread（調理されない生の大麦パン）としている。つまり火を通していないのである。大麦を挽いた粉を水や油で練った塊《かたま》りを想定したらよかろうか。

三段櫂船　アテネのアクロポリス出土の大理石浮彫　前400年ごろ

昔は三段櫂船（図版参照）の漕ぎ手も粗食に耐えて文句も言わず船を漕いでいたのに、昨今ではその質実剛健の気風が失われてしまった、それはお前（エウリピデス）が若者を甘やかすような作品を書いたからだというのである（アリストパネスがアイスキュロスをしてそう言わせているのである）。ちなみにパラロスとは船の名前で、アテナイの公共の使節派遣などの折に使用された快速船。

アイスキュロスは自作『アガメムノン』（前四五八年上演）でもマーザを登場させている。

クリュタイメストラ

　おまえ（カッサンドラ）には、気位など無用なこと、
あのアルクメネ様のお子（ヘラクレス）でさえ、身を売られ、
「奴隷の粥を啜る日々」に堪えたこともある、というはなし。

（一〇三九～一〇四一行、久保正彰訳）

これは、トロイア戦争の凱旋将軍アガメムノンがトロイアから連れ帰った側女カッサンドラに向けて言われた正妻クリュタイメストラのせりふである。嫉妬と憎悪の情

がよく表わされている。またヘラクレスはアポロンの神託によって、アルゴス王エウリュステウスの下で奴隷奉公をしたという伝説がある。ここではそれを言っている。そしてここに出てくる「粥」というのがマーザである。前五世紀の時点では、奴隷身分の者に食わせるような粗末な食事ということだろう。

同じ前五世紀、アイスキュロスの昔（前五世紀前半）に戻らなくても、ペロポネソス戦争初期（前四二七年当時）でも、船の漕ぎ手の食事としてマーザが出てくる。トゥキュディデスが次のように書いている。レスボス島の反乱に対するアテナイ側の処置を報告する件である。ちなみにミュティレネとはレスボス島の首邑の名。

駐アテーナイのミュティレーネー使節らは、乗組員のために葡萄酒と碾割大麦の食事を用意したうえ、間に合えば多大の褒賞を与えることを約束したので、船足はいちじるしく早められ、漕手は漕ぎながら碾割りを葡萄酒とオリーヴ油で練った餅《アルピタ》を食し、睡眠もあるものが漕ぐ間に、交代で他のものがこれをとる、という形で先を急いだ。（トゥキュディデス『戦史』三、四九、久保正彰訳、岩波文庫）

右の引用では「アルピタ（アルピトンの複数形）」となっているが、大麦を碾き臼で粗挽きしたものを葡萄酒とオリーヴ油で捏ねたものだからまさにマーザと同じと見なしてよい。

喜劇詩人のアリストパネスは『女の議会』（前三九三／二年上演）でもマーザに言及している。以下のとおりである。

プラクサゴラ
貧しさゆえに悪事を働く者がいなくなります。なぜなら、すべての
人々がすべてのものを持つことになるのですから、
パンも魚も大麦菓子も、マントとワインも、冠もヒヨコ豆も。
（六〇五～六〇六、西村賀子訳）

この「大麦菓子」というのがマーザである。粗食だが、あるいはそれ故にか一般の庶民には、奴隷身分も含めて、ポピュラーなまた必須の食べ物であったことがわかる。

前七世紀半ばのアルキロコスの時代から古典古代の最盛期、前五、四世紀に至るまで、このマーザは一貫して庶民の食膳に上っている。ただその味については誰も言及

していない。本邦のはったい粉から類推するに決して美味なものではなかったはずだが、果してどうだろうか。

二　古代ギリシア小説と「食」

古代ギリシア文学史にギリシア小説という分野がある。その時代は紀元前後から紀元後四世紀後半頃までであるから、古代ギリシア文学史のうえでは時代がずっと新しい。いやその最後期といってよい。

さてそのギリシア小説で現存する作品はたった五篇のみである。次がそうである。

1　カリトン『カイレアスとカッリロエ』（一世紀？）
2　クセノポン『アンテイアとハブロコメスのエペソス物語』（二世紀初？）
3　アキレウス・タティオス『レウキッペとクレイトポンの物語』（二世紀後半）
4　ロンゴス『ダフニスとクロエ』（二世紀後半）
5　ヘリオドロス『エティオピア物語』（四世紀後半？）

ほぼ四百年間で五篇とは少なすぎて異な感じがする。しかも一人一作品しか残っていないというのも、考えてみれば奇妙である。じっさいには他にも多くの作品があったのに伝わらずに消えたのかどうか、わからない。

ところでさて、このギリシア小説に実は「食」があまり登場しない。右の五作品の、つまりはギリシア小説の扱うテーマは、概ね「恋と旅」だと言ってよい。相思相愛の美男美女が数奇な運命に翻弄され、冒険を重ねたのちに大団円を迎える——そうした物語である。「旅」は物語の先蹤ホメロス『オデュッセイア』のテーマでもあった。しかし先輩の『オデュッセイア』では「食」にも触れられていた。韻文と散文との違いがあるとはいえ、主人公が長い旅をする物語に食は欠かせないと思われるのだが、ギリシア小説にはそれが希薄なのだ。むしろ散文のほうが触れやすいと思われるのだが、そうなっていない。

たとえば宴会の場がある。『カイレアスとカッリロエ』ではペルシアのイオニア総督ミトリダテスが催すもの、またペルシア大王アルタクセルクセスが催すものがある。文中では、それはしかしシュムポシオン（酒宴）と書かれているだけで、酒、料理の詳しい記述はない。『ダフニスとクロエ』の場合でも、山羊とかチーズとかワインなど食材が列挙される時もあるが、それをどう調理して食べたかの記述はない。『エティオピア物語』には次のような件がある。

宴会場へ着くと、テアゲネスはカリクレスを自分のかたわらの寝椅子に着かせ、またカリクレスの相伴《しょうばん》として、わたしにもそれなりの礼をつくしてくれました。祝宴の細々とした内容、乙女たちの歌舞や、笛吹き女の演奏や、武具を身につけた若者たちの戦勝踊り、その他テアゲネスが、饗宴を和やかで楽しいものとすべく、贅を凝らした御馳走の並ぶ宴会のめりはりを付けるのに用いた、さまざまな工夫について話してもあなたを退屈させるだけでしょう。

（巻三、一〇の二～三、下田立行訳、国文社）

とあって、宴会の余興も御馳走の詳細も省略されてしまっている。話してもらっても決して退屈ではないと思われるのに。しかし作品中ただ一か所非常に臨場感あふれる食事場面がある。それを挙げておく。

クネモンとテルムティスは夜明けとともに沼を渡り、鬱蒼と茂っていつつきるとも知れぬ深い森の中を進んだ。先頭にはクネモンの求めに応じてテルムティスが立った。テルムティスのほうが剣呑な地勢に慣れていることを理由に露払いを任せた格好だが、それはロ実、クネモンとしてはむしろ身の安全を確保し、脱出の機会に備えたわけである。こうして進んでいくうちに二人は羊の群に行き当たった（羊飼いたちは逃げだして森の奥深くに身を潜めた）。二人は群を先導していた雄山羊のなかの一頭を屠ると、羊飼いたちが用意してあった焚き火でその肉を炙り、背中と腹がくっつきそうなほど空腹だったため、十分に焼き上がるのももどかしく、腹一杯になるまで詰め込んだ。まるで狼か山犬のように次から次と切りとった肉片をちょっと火で炙っては貪り食えば、食べるにつれて生焼けの肉から血がにじみ出し、頬をつたって流れた。こうして腹が一杯になるまで食べ終えると、乳を飲んでから二人はまた先へ進んだ。（巻二、一九の三〜五、同右訳）

ところで、古代ギリシア小説の先駆け『カイレアスとカッリロエ』には、副人物の一人としてテーロンという海賊が登場する。ヒロインのカッリロエ（嫉妬深い夫に打擲されて気を失っただけなのに死亡と誤解され埋葬された）を墓場から拉致しイオニアで奴隷として売り飛ばす悪漢だが、悪漢にふさわしい日常生活臭、それも裏社会のそれが描かれてよさそうなものなのに、それがない。物語冒頭の女主人公カッリロエ誘拐の場を引いてみる。

「〈略〉さて、この仕事にはどんな連中を集めたものだろう。テーロンよ、よく考えるのだ。

おまえの知っている男たちのうちだれが使えるか。トゥリオイのゼノパネスか。こいつは頭脳《あたま》はあるが胆っ玉が小さい。メッシナのメノンは？　こいつは胆っ玉は太いが信用ならん」

さながら銀の分析官のように、こうひとりひとり秤にかけてみるとたいていは落第したが、けっきょく何人かの男が使えそうだと思われた。夜が明けると早速彼は港へ駆けつけて、選んだ男たちをそれぞれに見つけ出した。ある連中は娼家で見つかった。また別の連中は居酒屋で見つかった。この将にしてこの兵ありと言えた。

おまえたちにちょっと相談したいことがあると言って、彼は連中を港の裏手へ連れて行き、次のように言った。

「ちょっとした獲物を見つけたんでな、数ある連中の中からおまえたちを仕事仲間に選んだのだ。儲けは大きい。しかも苦労は大してかからん。たったひと晩でおれたちみなを大金持ちにしてくれようってんだ。〈略〉」

（巻一、七章一〜四節、国文社）

場所はシチリア島の港町シラクサである。ギリシア小説はたいてい港町から話が始まるが、それは港町こそギリシア小説のほぼ統一的テーマ「恋と旅」にふさわしい出発点であるからだろう。

港町は人と物資が往来するところである。活気があり賑やかで、また猥雑でもある。出会いがあり別れがある。浜口庫之助流に言えば、「港町」は「別れ町」であり、「未練にけむる町」でもある。その港町の犯罪に関わる一齣を描くのに、しかし右の引用では何か物足りない気がする。テーロンに腐れ縁の女ぐらい居たはずだし、娼家にはやり手婆もいるだろうに、それが出てこない。居酒屋にはツンとして小生意気な給仕女もいるだろう。それに脛に傷持つ亭主も。港町の居酒屋の亭主とくれば、たいがい兇状持ちと相場が決まっている。それが出てこない。それよりも何よりも、食べて飲むシーンがないのだ。いったいに男たちの世界で物事の相談となれば、場所は居酒屋と決まっている。「港の裏手」なんぞへ行かないで馴染みの居酒屋へ行ったらどうだ。

そこの片隅こそ悪事の相談にふさわしい。人払いして、声を潜めて話し込む。「テーロンはオリーヴの種をプッと土間へ吐き出すと、コップの底に残ったワインをぐっと一息に呷《あお》ってからこう言った……」などという一、二行があれば、カリトン先生には申し訳ないが、どれほど場が生きてくることだろうか。そしてテーロンは一癖も二癖もある悪党としてお目見えすることに相成るのである。

この点遥か後輩の現代ギリシアの小説家カザンザキスは違った。同じ港町――こちらはアテネの外港ピレウスだが――をこう書いている。

「旅ですかい？」と男はたずねた。「どこへおいでだね？　運に任せてですかい？」

「クレタ島へ向けてゆくところなのだ。なぜ聞くのだね？」

「わしを連れていってくれますかい？」

私はその男を注意して見つめた。そのくぼんだほほ、頑丈な顎、突き出したほほ骨、捲き毛の白髪まじりの髪の毛、輝いたさすような目。

「なぜだね？　一体、私がおまえをどうすることが出来るというのだ」

男は肩をすくめていった。

「なぜ！　なぜ！」軽蔑したような調子で叫んだ。「人間は『なぜ』ってことなしにゃ、ものが出来ねえものですかねえ？　してえからするという風にゃ？　ふん、仕方がねえや、どうです、コックとして連れていってくだせえ。旦那が聞いたことも考えたこともねえようなスープが作れますぜ……」

私は吹き出した。この男のぶっきらぼうな調子、それに、辛らつな話し振りが気に入った。

スープもまた、私を喜ばした。私はこの風変りな年寄りを、人里離れた、さびしい海岸へ連れてゆくのも悪くはないと思った。スープに語り話……世間を随分あっちこっち放浪して歩いたに違いない。ちょっとした船乗りシンドバッドのような男……私はこの男が好きになった。〈略〉私はダンテ詩集を閉じていった。

「腰をかけないかね。サルビヤ茶を一杯どうだね？」

「サルビヤ茶？」軽蔑するように男はいった。

「おい！　給仕！　ラム酒をたのむ！」

男はラム酒をちびりちびり飲んだ。一口すると、味を楽しむように口の中に長く入れておいて、それからおもむろに飲み込み、体を暖めるという風だった。

「官能派だ」と私は思った。

（『その男ゾルバ』秋山健訳、恒文社）

二人の男の港町での出会いが過不足なく描かれている。そしてそこには食べ物飲み物が書き込まれているのだ。いわく、スープ、サルビヤ茶、ラム酒。それが二人の人物のそれぞれの姿とその関わり合いを端的に浮かび上がらせている。一杯のラム酒が加わるだけで雰囲気がガラリと変わる。何よりもここには対話がある（古代ギリシア小説には意外と対話が少ない）。対話が成立するには独立した個人が必要である。登場する人物を独立した個人にするためには、そこに日常性を具備させなければならない。すなわち「食」が絡んでくる。余談だが、『その男ゾルバ』は映画化された。監督マイケル・カコヤニス、主演アンソニー・クイン、それにイレーネ・パパスが絡む。一九六四年制作のアメリカ映画だ。その冒頭、雨のピレウス港のカフェの場面。窓越しに中を覗き込むアンソニー・クインの目、体。カメラは室内からそれを迎え捉える。そこには何ともいえぬ存在感があった。それだけですでに作中のゾルバを十二分に体現していた。

閑話休題。「食」を描いたもっとよい例を挙げよう。近代小説の祖セルバンテスだ。彼はその『ドン・キホーテ』の冒頭を次のように書き出している。

それほど昔のことではない、その名は思い出せないが、ラ・マンチャ地方のある村に、槍掛けに槍をかけ、古びた盾を飾り、やせ馬と足の速い猟犬をそろえた型どおりの郷士が住んでいた。羊肉よりは牛肉の多く入った煮込み、たいていの夜に出される挽き肉の玉ねぎあえ、金曜日のレンズ豆、土曜日の塩豚と卵のいためもの、そして日曜日に添えられる子鳩といったところが通常の食事で、彼の実入りの四分の三はこれで消えた。その残りを祭日用のラシャの上着、ビロードのズボン、同じくビロードの上履きなどに使い、ふだんの日は気のきいた手織りの布地の服で体面を保っていた。

（『ドン・キホーテ』前篇（1）第一章、牛島信明訳、岩波文庫）

おなじみの開巻部である。場は港町ではない。ではないが、この短い描写の中、物語の主人公ドン・キホーテの姿が血と肉を伴ってわれわれ読者の前に現れ出る。それは地方郷士の日常生活を「食」を中心にして描き出したからである。羊肉、牛肉、挽き肉、玉ねぎ、レンズ豆、塩豚、卵、鳩。贅沢ではないが、粗末でもない。いかにも田舎郷士の食という感じがする。風車突撃をはじめとして数々の奇行を演じるドン・キホーテが、しかし一方では地に足の着いた人間であることを、それゆえにわれわれ読者が篇中の彼に感情移入できることを、この「食」が証明している。小説の主人公は愛や正義や理想だけで生きているのではない、パンで生きるのである。セルバンテスはそれに気づいたのだ。

一方でセルバンテスは古代ギリシア小説にも通じていた。彼はその『模範小説集』の序文でヘリオドロスの『エティオピア物語』に言及し、次に自分が執筆を予定している『ペルシレスとシヒスムンダの苦難』はこれに匹敵する傑作になるだろうと、自信たっぷりに予告している。『エティオピア物語』は北アフリカのナイル河流域を舞台とする愛と冒険の物語だが、『ペルシレスとシヒスムンダの苦難』のほうは北欧の氷海から南欧のローマへと主人公が遍歴する、これまた愛と冒険の物語で、優に前者に匹敵する傑作となっている。しかし愛と冒険に筆を費やすあまり、この奇譚には「食」はそれほど語られることがない。

先に見たとおり、元の『エティオピア物語』からしてそうだった。せっかく宴会の場を取り上げても「あなたを退屈させるだけでしょう」という一行で――いや、退屈なんか決してしないのに――「食」（および宴会の余興）の描写は省略されていた。この点で『ペルシレスとシヒスムンダの苦難』はいまだ古代ギリシア小説の延長線上に位置する作品と言わなければならない。

ところがその一方でセルバンテスは『ドン・キホーテ』を生み出した。古代ギリシア小説伝統の幻想奇譚の雰囲気はまだ濃厚に残存しているが、「恋と旅」から「恋」を取り去り「食」を付け加えた。かくして彼は近代小説の祖となり得たのだ。食べるドン・キホーテを得て、読者はそこに自分たちと生活を共有するに足る主人公を見つけ出すのである。

ギリシア悲劇に「食」が現れることが少ないことは前に指摘した（拙著『食べるギリシア人』岩波新書、一二七頁以下）。エウリピデスは『エレクトラ』で、客としてやって来たオレステス、ピュラデス二人のためにエレクトラが苦労して食材を調達するまでの状況を描いている。それはいいのだが、それを調理して食べさせる、その場面までは描くに至っていない。再会を果たしたエレクトラ、オレステス姉弟が食卓を間にこれまでの苦労を互いに打ち明け合う場があれば、物語の主筋は父親の敵討ちでも、話全体に奥行きが出てくると思われるのに、それがない。古代ギリシア小説でも事情は同じようだ。美男美女の愛の流転を物語る場に「食」は邪魔になる。読者（古代ギリシア小説の読者は年少の少女たちが多かったのではないかと想定されている）の感涙を絞り興奮をいや増す場に、美少女が今朝何を食べたかを記すのは、どうやら野暮というものらしい。察するに、ギリシア悲劇に登場する英雄たち同様、古代ギリシア小説の中の美男美女は食べなくても生きていけるのである。

三　マグロ好き

日本人ほどマグロの好きな国民もいないだろう。いま手元に詳しい統計資料がないが、全世界のマグロの漁獲量のかなりの部分を日本人が食べているはずだ。おおむね鮨ネタとして人気があるが、赤身は赤身で寿司飯の上にのせる。ヅケと称して醤油漬けにしたものもある。何より脂のよくのった腹身（トロ）はことに珍重される。

ところがこの高級品の腹身も江戸時代の頃は食材とはされず、猫もまたいで通ったというから、話はわからない。しかし昨今はこれが珍重され、青森県の大間漁港に上がるマグロ一本に八百万から一千万円の値がつくというのだから、これまた話がわからない（いや昨二〇一二年暮れには一本に一億数千万円の値がついて世間を騒がせた）。

それはさておき、古代ギリシア人もじつはこのマグロを好んで食べた。しかもその腹身の部分を。

そのあと登場したのが炙った鮪の
ぽってりとした下腹《ヒュポガストリオン》。
（エウブロス断片三六『イオン』）

こいつらは足も洗わず地べたに寝て、天が下が住まいの風来坊、
不届きな口の持ち主で
他人の持ち物に集《たか》って口過ぎする奴らで、白い腹身《ヒュポガストリオン》ときたらおお、皿ごとかっさらう野郎め。
（エウブロス断片一三七作品名不詳）

「ぽってりとした下腹」、「白い腹身」とは、いわゆるトロの部分だろう。脂ののったトロの美味しさは、古代ギリシア人も先刻承知のことだったのである。ただわれわれのように、生のそれを醤油とワサビでいただくという考えは彼らにはなかった。炙るか、あるいはおそらく煮るかしたのであろうが、それでもトロの旨味は充分に賞味されたろう。ただし旨いからそれなりに値が張る。

こういうものは、貧乏人には買えないな。

鮪の腹とか鱸《すずき》の頭とか、
穴子とか甲烏賊とか、こういうものは
お幸せな神様だって、こりゃうまいとお思いだろう。
（エリポス『メリボイア』アテナイオスによる引用、『食卓の賢人たち』三〇二e、柳沼重剛訳）

アレクシスの『そこひを病む男』という喜劇に、「生のマグロの塩漬けが青銅貨五枚」、「若いマグロの角切り塩漬けに三オボロス」（内田次信訳）とある。一青銅貨は八分の一オボロスだから、双方の値段にちょっと差がある。ちなみに六オボロス（＝一ドラクマ）あれば一般庶民の家庭で二、三日は食えたという。とすれば「若いマグロの角切り」のほうは結構いい値段だということになる。

その値の張るマグロを彼らはどのように調理して食べたのか。次をご覧じろ。

（A）マグロはどう調理するか知っているか？
（B）いえ、教えてくれますか。
（A）　　鰓をとり、
　水洗いし、周りのとげをこそぎ落とし、

きれいに切り裂く。それからすっかり開いて
シルピオンでまんべんなくよく叩く。
そしてチーズと塩とオレガノをまぶす。

（アレクシス断片一三八『レウケー』内田次信訳）

これは焼く（あるいは煮る）前の下ごしらえだろうか。
実際の調理は次。アテナイオスはアルケストラトスの言として以下を挙げている。

――大いなる雌鮪の、尾の側をとれ。
その母なる国はビュザンティオン。
それをば切り身となし、ほどよく焼き、
塩少々、表面にオリーヴ油をはき、
ぴりりとするソースに浸して、熱きうちに食せ。
手をかけず食すにおいても、優なり秀なり。
不死なる神々の姿形もかくやと思わるる。
酢などふるは、鮪を殺すものと心得べし。

（アテナイオス『食卓の賢人たち』三〇三e、f、柳沼重剛訳）

焼いて熱々のやつに塩を少々振りかけ、オリーヴ油を塗る。「ぴりりとするソース」というのがよくわからないが、ここのところを直訳すれば「舌を刺すような濃い塩水」となる。ある英訳（ロウブ叢書）では a sauce piquant（ピリッとしたソース）となっている。少々辛そうだが、旨そうだ。とにかく酢だけは使うなと言っている。

さてこのマグロ、その産地はどこか。右の引用では「その母なる国はビュザンティオン」とある。ビュザンティオン、今のイスタンブールである。エーゲ海からヘレスポントス海峡を抜けてマルマラ海に出、さらにボスポロス海峡を抜けると黒海に出る。その黒海に抜け出る直前の海峡の西側に位置するのがビュザンティオンである。海峡の早い海流がマグロの生育に適しているのか、ここらあたり一帯は古来マグロの好漁場だった。

マグロを解体する魚屋（南イタリア・リバリ島出土の壺絵）

中でもこのビュザンティオンの金角湾では

マグロが手摑みで獲れたという。時代は移るが紀元前後の頃の人ストラボンは次のように書いている。

「角」は市の城壁に接した湾で西向きに六〇スタディオン（一一キロ）伸び、（形が）鹿の角に似ている。湾は比を見ないほど多くの入江に分れてまるで枝分れした何本もの小枝のようになり、まぐろがこれらの入江に入りこむのを、人々は造作なく捕っている。なにしろ魚が多数群れ、潮の流れが勢よく魚群を追い集め、入江は何れも幅が狭いからで、狭いところだから手摑みにできるほどである。

（ストラボン『ギリシア・ローマ世界地誌』七、六、飯尾都人訳）

水揚げされたマグロは塩漬けにされ、遠くアテナイまで送られて来て、魚に目のないオプソパゴス（美食家）の口を賑わした。

ここでまたアテナイオスを借りる。同じくアルケストラトスを引いて次のように言っている。

広大なる、聖なるサモスの島の周辺において、人々懸命に巨大なる鮪を捕って、これをオルキュスと呼ぶ。
他国においてはケトスと称さる。
夏は、適宜なる切り身を、素早く、
代価等にこだわることなく、求めよ。
ビュザンティオンまたカリュストスの鮪よろし。
ただし、名も高いシシリーの、ケパロイディオン、また
テュンダリス岬、これにはるかにまさる鮪を産す。
汝もし聖なるイタリアの、冠うるわしきペルセポネの鎮座まします
ヒッポニオンに行くことあらば、これぞまさに他のいずれにまさる
最上の鮪、勝利の栄冠を戴く鮪、ここにあり。
ここよりさまよい出づる鮪は、深き海を渡りてこなたへと来たる。
ゆえにわれら、時ならぬときに鮪を得るなり。

（アテナイオス『食卓の賢人たち』三〇一f〜三〇二b、柳沼重剛訳）

サモスとはエーゲ海東岸のイオニア地方沖の島。カリュストスはエウボイア島南端の港町。ケパロイディオンはシチリア島北岸の町。テュンダリスもシチリア島東北部

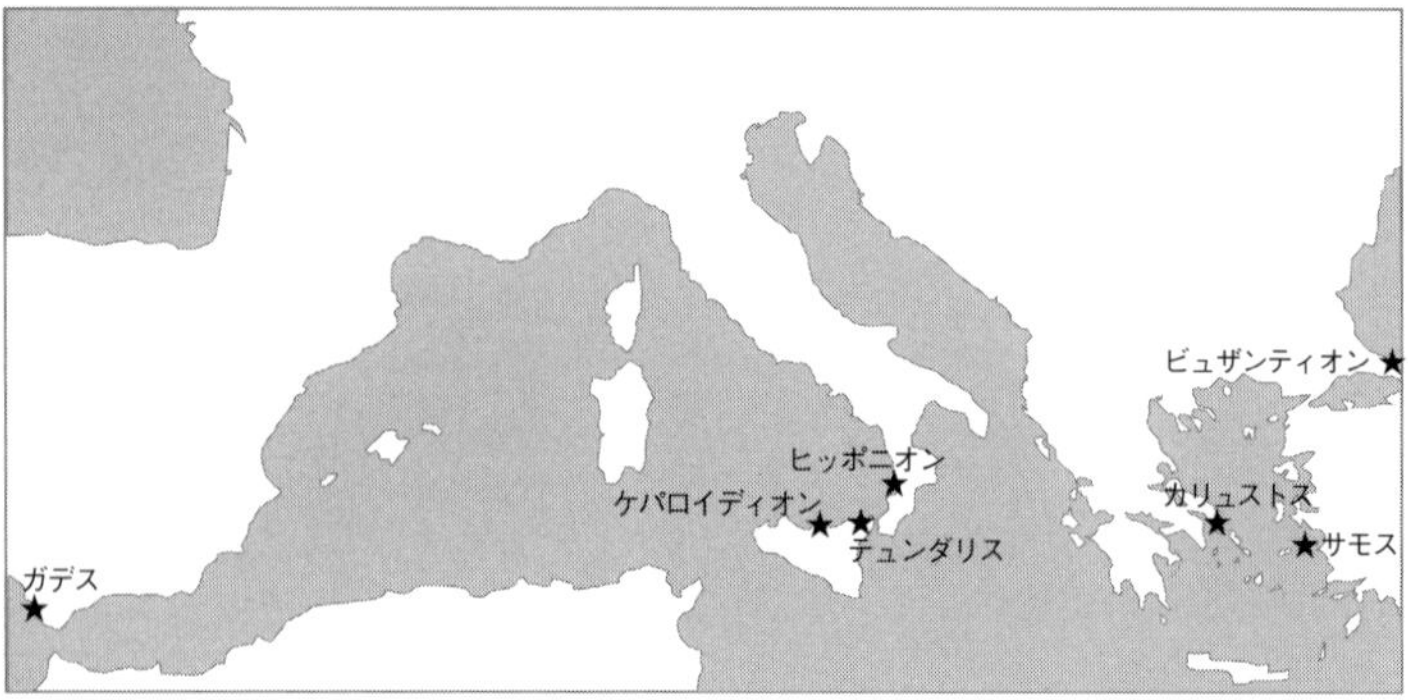

の町。ヒッポニオンはイタリアの「長靴」の甲にあたる辺りにある町。いずれもマグロの名産地だというのである。これだけではない。イベリア半島東岸やまた南端のガデス（現カディス）でもマグロはよく獲れた。いや、地中海全域がマグロの好漁場だった（現在でも天然もの、養殖もの含めて地中海のマグロ漁獲量は多い）。

旬は夏である。各産地で獲れたそれを「素早く、代価等にこだわることなく」食せと言っている。本邦の「女房を質に置いてでも」食べる初ガツオのごときものであろうか。

地中海全域を旨いマグロが回遊している。ではその漁獲法はどうだろうか。これについては次のような記述がある。

使者

〈略〉

辛うじて助かったペルシアの軍船も

ただわれがちに逃げようと漕ぎつのるのが精一杯の有様。

敵どもは鮪か網にかかった魚を扱うように
オールの把っ手や、船の残骸の切れ端しで
生存者を打ちすえ、叩きつけ、広い海原は
その呻き声と悲鳴とで一杯でした、
夜の暗い眼があたりを覆い隠してしまうまでずっと。

（アイスキュロス『ペルシア人』四二三～四二八行、西村太良訳）

これはサラミスの海戦（前四八〇年の対ペルシア戦争の中の一戦）での激戦模様を比喩のかたちで述べたものであるが、そこにはしなくもマグロの漁獲法が見えている。つまりマグロ漁は、網を仕掛け、その網に掛ったのを船上から突き棒や刺し棒で突いて仕留めるのが定法だったらしい（これについては田口一夫著『黒マグロはローマ人のグルメ』成山堂書店、に詳しい）。ちなみに『ペルシア人』の上演は前四七二年。この一節はその頃のマグロ漁の一端が反映されたものと見なしてよいだろう。

ヘロドトスも次のような文章を残している。

このとき、アカルナニアの人でアンピリュトスという預言者が、神意を受けてペイシストラトスを訪ね、長短々格《ヘクサメトロス》詩形による次のような神託を彼に告げた。

すでに投網は投ぜられたぞ。張り拡げたる網の中、

月明の夜、鮪の群が躍り込もうぞ。

（ヘロドトス『歴史』巻一、六二節、松平千秋訳、岩波文庫）

田口一夫氏によれば、現行のマグロ漁法には次の三種類があるという。

１　沿岸に設置した網に誘い込む定置網漁。

２　沖合でマグロの群れを網で包囲する巻網漁。

３　洋上にロープを浮かせて釣る延縄漁。

わが国に水揚げされるマグロのほとんどは遠洋での延縄漁によるものだそうだ。しかし世界的には巻網漁が多いらしい。ただし巻網漁は網の中で魚が体をぶつけあって魚体が傷つき、刺身用には向かなくなる。そこで日本人の好むサシミマグロは、船尾より曳き縄を流して釣るのだそうな。右のアイスキュロスの引用は定置網か巻網漁を想像させる。ヘロドトスの場合はどうか。

先の田口氏はマグロのような巨体魚を投網で獲ることが可能かどうか、疑問を呈

しておられる。「投網」とはボロス bolos というギリシア語の訳だが、英訳は a throw with a casting-net だから「投網」でよいことになる。ただ問題はその「投網」でマグロが獲れるかどうかだ。田口氏はその解答として、地中海全域に幼少魚群の回遊があることが実証されているので「投網」で獲れるような小さいマグロも棲息していたとして、これを可能としておられる。ヘロドトスはけっして虚言したわけではないらしいのである（先に引いたストラボンの記述もこれの参考になろう）。

ところでマグロはなぜマグロというのか。古代ギリシア人はこう考えた。

鮪（thynnos）とは「沸き立つ（thyein）」と「突進する（horman）」からできた名だ。季節によって、頭に虻がつくので興奮気味になる。アリストテレスによると、このおかげで鮪は突進することになるそうだ。こう書いている、「鮪とめかじきは犬星（シリウス）が〔朝〕昇る頃〔夏〕、虻がつく。この二種の魚には、この季節に、鰭《ひれ》のわきに、小さな蛆《うじ》のような、虻《あぶ》と呼ばれる虫がつく。形は蠍《さそり》のようだが、大きさは蜘蛛ぐらいである。これのために鮪は、海豚に劣らぬほど跳ね上がり、時々船の上に落ちてくる」。テオドリダスが言っている、

鮪も狂って
ガデイラの海路を突っ走る。
（アテナイオス『食卓の賢人たち』三〇二b、c、柳沼重剛訳）

冒頭の語源説明は俗説である。しかしマグロが海中を猛スピードで移動することは、つとに知られていたようだ。現代でもマグロを養殖する場合、猪突猛進するマグロをいかに養殖池の境界壁に衝突させないよう護るかが課題だそうである。その猛進の原因がマグロにつく「虻」にあるというアリストテレスの言説（『動物誌』六〇二a二五）は果たして正しいのか、筆者には確認できていない。

漁師　テラ（現サントリーニ）島のフレスコ画
前1550～1500年ごろ

四　オベリアス　バウムクーヘンの元祖

地中海域に住む人々が早くからパンを食べていたことは、どうやら確からしい。クレタ島遺跡からの出土品にパン焼き窯（イプノスという）があるところからも、それは知られる。クレタ文明（ミノア文明ともいう）は紀元前二〇世紀の頃から紀元前一五世紀の頃までクレタ島を中心にエーゲ海南部で栄えた文明である。それをギリシア本土のミュケナイ文明が引き継いだ。ギリシア人も早くからパンを食べていた。しかもその種類は多種多様だった。さまざまな名称が知られている。

豆パン、ナストス、削りパン、高椅子、バッキュロス、炙り焼きパン、アタビュリテス、アカイネ、オベリアス、クリバノス、灰焼きパン、二度焼き、揚げパン、二つ割りパン、チーズパン、ふすま入りパン、胡麻パン、丸パン、干し麦パン、柔らかパン、編みパン等々。

まだまだあるが限がないのでこのあたりで止めておく。形状を表すもの、製法を言うもの、その性質に触れたもの、内容に言及したものもある。名前だけではよくわからないものもある。

大麦の粉を使うか小麦の粉を使うかでも、もちろん違った。大麦粉にはグルテンが含まれないため、捏ねた粉を焼いても膨らまない。小麦粉はグルテンを含むため、焼くと膨らむ。また同じ小麦粉でも篩《ふるい》によくかけて精製した場合は白パンになるが、精製が足りないとふすまが残り、黒パンになる。このあたりは舟田詠子氏の筆に成る『パン文化の宝庫』(アテナイオス『食卓の賢人たち』第一巻月報、京都大学学術出版会)に教えられるところが大きい。

グルテンで思い出した。その昔中学生の頃、通学の途中に小麦畑が広がるところがあり、麦秋に頭を下げる穂から麦粒を扱《しご》き取り口に入れて噛んでいると、学校に着く頃には立派なチューインガムに成り変っていた。グルテンのせいだったのだろう。

閑話休題。右に挙げた数あるパンのうちにオベリアス(パン)というのがある。それについてちょっと触れたい。喜劇断片に次のようなのが出てくる。

それから、ちょうど今誰かオベリアスを焼いている人がいる。

（アリストパネス断片一〇五『ゲオルゴイ（農夫たち）』）

オベリアスをがつがつ喰らう。
アルトスのほうがいい、なんてことは口にも出さない。

（ペレクラテス断片六一『エピレスモン（健忘症）』）

アルトスはオーヴンで焼くふつうのパンだが、オベリアスとはどういうパンか。形状、焼き方、味はどうか。これだけではわからない。そこで困った時のアテナイオス頼みで、その『食卓の賢人たち』を紐解いてみると、右の断片も引用しながら次のように言っている。

オベリアス（obelias）という串で焼くパンがあるが、あれは、アレクサンドレイアで実際そうなんだが、一オボロスで売っているからオベリアスなのか、それとも串（オベリスコス）に刺して焼くからそう言うのかだな。アリストパネスの『農夫』にこんなせりふがある。

それからたまたまひとりの男が、串でオベリアスを焼いとった。

ペレクラテスの『健忘症』には、

オベリアスをもぐもぐ食う。ふつうのパンのほうがいいなどとは言わぬこと。

行列の中で、このオベリアスを串刺しにしたのを担いでいく者が、オベリアポロイと呼ばれていたりした。コス島のソクラテス（有名な哲学者とは別人。引用者註）は、『神々の呼称』の第六巻で、パンを串に刺して焼くことを発明したのはディオニュソスで、彼は布教、征服の旅の途次に考えついたのだという。

（アテナイオス『食卓の賢人たち』一一一b、柳沼重剛訳）

この一文には四つの情報が含まれている。まずその形状ないしは名称の由来（一オボロスで買えるからなのか、あるいは串オベリスコスに刺して焼くからそう称するのか）。次いで焼き方（串に刺して焼く）。そしてオベリアポロイと称するこのパンの運搬人がいたこと。最後に串に刺して焼く焼き方を発明したのはディオニュソス神だということ、で

オベリアスとオベリアポロイ　オイノコエ（酒注ぎ陶器）の絵

ある。

このパンがどうやらディオニュソス神と関係があるらしいことはポルクスの記述からも推測できる。ポルクスというのは紀元後一八〇年頃に活躍した辞典編纂者ユリウス・ポルクスのことで、『辞林（オノマスティコン）』という一書を著した。その中で、オベリアス・パンは串（オベリスコス）に刺して焼かれるところからその名が由来したと、またその大きさについては一ないし二ないし三メディムノスある（メディムノスは固体の単位で一メディムノスは五二・五三リットル）、そしてそれはオベリアポロイ（オベリアス運搬人との意）と呼ばれる人間たちによってディオニュソス神域に運び込まれると書いている（『辞林（オノマスティコン）』六、七五〜七六）。

オベリアポロイについては壺絵が残っている（前頁図版）。二人がかりで巨大なオベリアス・パンを担いで行くところを描いたものだが、右の引用によると一メディムノスあるとすれば五二・五三リットルの容量だから、かなりの嵩になる。三メディムノスとなるとその三倍だから、まさに巨大としか言いようがない。重さのほうは（舟田詠子氏によると）、小さいもので二六キロ、重いものになると七九キロにもなったという。これだけ巨大になるとオーヴンなど用をなさないから、小麦粉を捏ねたものを串（心棒）に巻き付け、直火の上で回転させながら焼上げるわけである。その串がオベリスコス。ここからオベリアスの名が出たとするのが妥当なところではあるまいか。

先のアテナイオスはコス島のソクラテスの説として、このパンはディオニュソス神がディオニュソス教（バッコス教）を布教するため各地を遍歴した際、その旅の途次思いついたとしているが、なるほど旅の途中ではオーヴン設備などなかなか使えなかったろうから、焚火の直火で簡単に焼けるパンとしてこのオベリアスを思いついたというのはわかりやすい説明ではある。つまりごく原始的な製パン法なのである。ただオベリアス・パンとディオニュソス神との関係性については、これ以上のことはわからない。

ところでこのオベリアス・パンの味のほうはどうだったのか。味覚は人さまざまだから判定が難しいが、旨い不味いと言挙げした例は見当たらない。ただ医と健康の専門家ヒポクラテスがこのパンの質、栄養価について次のように言っている。

> アルトスそのものの中では容量の最も大きいものが最も滋養に富む。それは焼かれる際にパンの水分の飛び方が最も少ないためである。またオーヴンで焼いたパンは、炉で焼いたもの、串に捲いて焼いたもの《オベリアス》よりも栄養価が高い。それは火の当たりがずっと穏やかなためである。
>
> （ヒポクラテス『人間の生涯について』二、四二）

アルトス（ふつうのパン）と比べると、オベリアスはその原始的な製法のせいか、味はともかくとして質に関してはあまり上等とは言えないようである。

ところでさて、このオベリアスがバウムクーヘンの元祖だという説がある。いやどうもそうらしい。小麦粉を捏ねて帯状にしたものを串に捲きつけて炙り焼くという製法は、双方ともに同じである。捏ねた小麦粉の中にバターや蜂蜜、卵、砂糖などを混ぜ込んで菓子状にしていくと、自然とバウムクーヘンになる。おそらくそういうことだろう。

バウムクーヘンはその名のとおりドイツの伝統的菓子である。心棒に生地を塗りつけて火で炙ると焦げ目ができる。その上にまた生地を塗る。これを繰り返して何層かにする。出来上がったものを輪切りにすると、黒い焦げ目が木の年輪のように見える。そこからバウム（木）クーヘン（菓子）という名前がついた。一五〜一六世紀の頃である。

このドイツのバウムクーヘンの他に、ポーランド、リトアニアには中世以来シャコティスというパン菓子が作られている。同様に心棒の周りに生地を捲いて焼いたものである。これも原型は古代ギリシアのオベリアスかもしれない。その他ハンガリー、スロバキア、スエーデン、ルクセンブルクなどにも類似のものがある。

日本で最初にバウムクーヘンを作ったのはドイツ人カール・ユーハイムで、一九一九年（大正八年）のことだった。この人は第一次世界大戦時、中国の青島で日本軍の捕虜となったドイツ人の一人で、戦後日本に居残って、最初は横浜で、関東大震災後は神戸に移って、洋菓子店を開いた。この店は今も神戸・元町に存続していて、バウムクーヘンを作り続けている。それが最近、古代ギリシアのオベリアスを現代に再現した製品を売り出したと仄聞した。これはたいへんだ。筆者もぜひ一度試食してみなければなるまい——と思っている。

五　新酒古酒銘酒

晩秋の日本で最近とみに人気を呼んでいる食のイヴェントにボージョレ・ヌーボー解禁がある。フランスワインのその年の新酒が輸入されて、一般に売り出される日である。日本におけるワインブームもすでに定着した感があるが、そのブームの一翼を担う行事といってよいだろう。

日本酒の場合も、その年の新酒が出ると造り酒屋の玄関の軒先に杉玉が上がる。新酒ができましたという印しである。

ワインでも日本酒でも、新酒はよいものだ。ワインの場合は一般に年古りた年代ものが珍重されるが、若々しい新酒も捨てたものではない。南ドイツの大学町テュービンゲンでのことだが、秋に新酒が出るとレストランや居酒屋の店先の黒板に「新酒《ノイヤーヴァイン》ありますとお知らせが出る。飲むとまだ初々しい、葡萄ジュースと変わらないような代物である。しかしこれを飲みツヴィーベルクーヘン（玉葱とベーコン入りペイストリー）を食べないと、南ドイツでは秋は来ないとされている。

古代ギリシアではどうだったろうか。古代のアテナイではディオニュソス神を祀る祭りが年に四回あった。ディオニュソス神は、ギリシアの地に葡萄の栽培技術と葡萄酒の醸造技術をもたらした神とされる。したがってその祭りは必然的に葡萄や葡萄酒にまつわるものとなる。

四回のディオニュシア祭は、

（1）小（田舎の）ディオニュシア祭（現行の太陽暦で十二月下旬から一月初旬）

（2）レナイア祭（同一月下旬から二月初旬）

（3）アンテステリア祭（同二月下旬から三月初旬）

（4）大（都市の）ディオニュシア祭（同三月下旬から四月初旬）

である。このうちの三番目、アンテステリア祭で前年の秋に仕込んだワインの甕開けが行われ（ピトイギアという）、新酒の試飲が行われる。翌日には大酒宴が開かれる（コエスという）。そして三日目には大鍋でいろいろな食材を煮て食べる（キュトロイという）。ギリシアの野に花《アントス》が咲き初める早春の愉しい行事である。

ところで、古代ギリシアでは一般に新酒は甘いという認識があった。これはプルタルコスの言うところだが（プルタルコス『食卓歓談集』六五六A、柳沼重剛訳、岩波文庫）、彼は「なぜ新酒は酔いにくいか」という問を設け、新酒は甘いと前提した上で「甘さには酒の強さをいくらか弱める性質があるわけで、もしそうなら、新酒はその甘さがうまさに変わるまでは、飲んでも酔わないのはあたりまえだろう」と言っている（いや彼が言っているのではなく、宴会の友ニカイアのアリスタイネトスにそう言わせている）。

また、「酒は初めは甘いが、古くなるにつれて発酵が進んで辛口になる」という説も紹介している。「しかし古くなると水分が酒から分離して、酒は強くなる。酒の量目は少なくなるが力は大きくなる、これが通説だ」とプルタルコス自身も言っている（同六五六B）。

右の、酒が「辛口になる」、「強くなる」というのは、酒の質の評価としてプラスの評価なのだろうか。たぶんそうだろう。こういう意見もある。

遊女のあいだでは、酒は古いのがいつも評判がよいが、
男は古いのではなく新しいのがよい
（エウブロス断片一二二『クリュシッラ』）

というのは、ちと面妖。

喋っているのは初老の男だろう。妓楼へ上がってさんざん散財させられるが、いいところは若い連中に攫われるという手合い。男も若いばかりがいいわけでもないのだが、それをわかってもらうには相方も一定の年齢に達していることが必要だろう。いずれにせよ酒のほうは古いのがいいと言っている。

こういうのもある。

人間の本性は……ぶどう酒にまったく似ていない。
一方は年をとるにつれて不愉快な存在になってゆくが、
ぶどう酒はいちばん古いのが熱心に求められる。
あちらは噛み付くが、こちらはわれわれを陽気にしてくれるからだ。

（アレクシス断片二八〇作品名不詳、内田次信訳）

まったくこのとおりで、一切異論はない。

これはギリシアではないが、ローマで古酒を礼讃する文章がある。

すぐにガラス瓶の葡萄酒が運ばれてきた。丁寧に石膏で封印され、首のところにこのような銘札がつけてあった。
「オピミウスの年のファレルヌス酒、百歳」
ぼくらがこの銘をたしかめているとき、トリマルキオンは手を叩いて言った。
「やれやれ、こうしてみると葡萄酒は可哀そうな人間よりもずっと長生きするな。そこでわしらも酒をがぶのみしよう。酒こそ人生だ。本物のオピミウス酒を進呈する。昨日はこんな良い酒は出さなかったよ。はるかに偉いお客を招待していたのだが」。

（ペトロニウス『サテュリコン』三四、國原吉之助訳、岩波文庫）

オピミウス酒とはオピミウスが執政官のとき（前一二一年）に仕込まれた酒のことで、その年からペトロニウスの時代まで計算すると百歳どころか百七十歳を超すが、ここはまあトリマルキオンに任せて百歳としておこう。ちなみにローマのワインで銘酒とされるのは、カンパニア地方のファレルヌス酒とラティウム地方のカエクグス酒であるとのこと。

さて、その古酒がいま甕に貯えられているとする。それを開けて順に飲んでゆくのに、どのあたりが、つまり甕の上部か、中部か、底の辺りか、どの部分の酒が美味いか、という議論がある。言っているのはプルタルコスである。先ほどの『食卓歓談集』で、義父アレクシオンの口を借りてこう言っている。

義父のアレクシオンが、ヘシオドスは「甕に貯えた酒は、口開けと残りすくなになった時存分に飲め。まん中あたりは少しずつ飲め」(『仕事と日』三六八)などと忠告しているが、阿呆な奴よのうと笑った。そのまん中へんというのは一番うまいところじゃないかというのだった。そしてつづけて言うことに、「酒はまん中、蜜は底、オリーヴ油は上澄みが一番上等だとは、こりゃ常識だろうが。それをヘシオドスは、まん中へんを打ち捨てて、甕の中身がだんだんまずい方に変わりながら減っていくのを待て、などと言っているのだからな」。

(プルタルコス『食卓歓談集』七〇一D、柳沼重剛訳、岩波文庫)

ネストルの酒杯(黄金製、ミュケナイ出土、前 16 世紀)

その理由として挙げられるのは、甕の上部は空気と接触しやすい、酒は空気と接触すると悪くなる、また底は澱《おり》があるからよろしくない、というのである。空気と接触すると酸化して味が落ちるということだろうか。

しかしこのヘシオドスの詩行には次のような訳もある。

甕（の中身）は使い始めと、残りわずかとなった時に腹ふくらむまで使い、半ばになったところで節約せよ、底をついてからの節約は拙い。

（ヘシオドス『仕事と日』三六八〜三六九、松平千秋訳、岩波文庫）

ことは味の問題よりも、節倹という観点から見た一壺の酒を飲むときの飲み方の問題となっている（そのように見える）。「半ばになったところで節約（ペイデスタイ）せよ」とある。ペイデスタイの英訳は spare である。プルタルコスのほうでは「少しずつ飲め」となっているが、美味だから節約してちびちび飲むというのであれば、ヘシオドスもあながち「阿呆」ではないことになる。ということは、甕の酒はその半ばあたりがやはり一番美味だということだろうか。けっきょく旨いからどしどし飲めとするか、旨いからちびちび飲めとするかの問題である。

古酒といってもすべての古酒が銘酒とは限るまい。ワインの味は年々の葡萄の生育状況によるところ大であるからだ。いくら年代が古くても葡萄の出来の悪い年のものはそれなりの味だろうし、比較的新しい年代のものでも当たり年の葡萄を使ったものは良いワインになる。
自然環境もある。葡萄が生育するための日射や水利に恵まれた地方では良い葡萄が獲れ、よいワインになるが、そうでないところはそれなりのワインしか出来ない。だから古酒がすべて良いとは限らないことになる。
年代は別として、古来銘酒とされるものにまずメンデのワインがある。メンデはギリシアの北方トラキア地方のカルキディケ半島にあるパレネ岬の町だが、ここで産する白ワインが銘酒とされる。

シコン　やつがれシコン、
たっぷりお湿りが入り、酔うております。
甲　こいつ、飲んだな。
シコン　いただきましたとも。
しかもあの、メンデのやつを。

（エウブロス断片一二三『クリュシッラ』）

しかし一般にギリシアの三大銘酒とされるのは、レスボス島、タソス島、キオス島産のワインである。いずれも島嶼地域であるところが興味深い。日射量や風向きと葡萄の生育との関係によるのだろうか。ちなみに、レスボス島はエーゲ海の東北部、トロイアのすぐ南に位置する大きな島で、抒情詩人のサッポーやアルカイオスの故国として知られる。タソス島はエーゲ海の最北部、トラキアの目の前に浮かぶ島。抒情詩人アルキロコスが植民団とともにパロス島から入植した島である。またキオス島はエーゲ海の中東部、イオニア地方の沖合いに位置する島で、時にホメロスの故郷に擬せられることもある。

以下、喜劇断片から引く。

レスボスの飲み物ほどに
甘美な味のぶどう酒はない。
（アレクシス断片二七六作品名不詳、内田次信訳）

彼はタソス産とレスボス産のぶどう酒を
ちびちびやり、つまみを噛りながら
一日の残りの時間を過ごす。
（アレクシス断片二七七作品名不詳、内田次信訳）

レスボス島の酒は、アポロンの
神主マロンさんがお手ずからお造りになったんだ、と俺は思うよ
（クレアルコス断片五作品名不詳、柳沼重剛訳）

マロンは『オデュッセイア』（第九歌一九七行）でオデュッセウスにも銘酒を譲与している。また、

わたしが好きなのはレスボス島産のプラムノスのワイン。
なみなみとしたレスボスのワインの滴がぐいぐい
飲み干される。
（エピッポス断片二八作品名不詳）

プラムノスという銘柄については諸説あり、判然としないが、一説にイカロス島のプラムネ山に由来するともされる。

タソスの酒、はたまたキオスの酒、
いやいや神酒《ネクタル》の滴であるレスボスの古酒を仕入れて、
(エウブロス断片一二一作品名不詳)

レスボス島産のワイン、それも古酒は、神専用の酒ネクタルに等しいとされている。ということは、よほどの銘酒ということになる。

タソスの酒を注げや……
俺を捕えて、俺の心の臓に食らいつくのが何にせよだな、
こいつをきゅっとやればだな、あっという間に元通りになる。
(アンティドトス断片四作品名不詳、柳沼重剛訳)

酒は愚痴の友、抒情詩はその酒で増殖された愚痴集の謂いとは以前に書いたとおりだが、たしかに酒は人の人生を映す鏡といえる。酒によってその人の人生の諸相が如実に表わされる。酒は、それに含まれる甘さと強さで、飲む人を丸裸にするのである。最後に酒そのものを人生になぞらえた詩句を紹介する。

われわれの人生はまったく酒とおなじだ。
残りが少しになると、酒はすっぱくなる。

（アンティパネス断片二五〇作品名不詳、橋本隆夫訳）

人間の一生も一壺の酒も賞味期限を過ぎると劣化する。われら精気を失うと因業爺になってゆき、容色が衰えると意地悪婆になるのと同様、酒も残り僅かとなって酢に変ずる。酒も人も、歳をとって誰にも相手にされなくなると、意地になってますます酸っぱくなるのである。

六　生き血を飲む

人は誰かの、あるいは何かの犠牲になって死ぬことができるだろうか。

はるかな昔、高等学校の英語の参考書に山貞《やまてい》（山崎貞）の『英文解釈研究』というのがあった。入学すると同時に買わされた。これは旧版で旧制高校や海兵（海軍兵学校）の入試問題が練習問題になっていて、これがけっこう骨があるのだった。『小野《おの》圭《けい》』もまだ延命していて周囲にはファンもいたが、南日《なんにち》（恒太郎）の『英文解釈法』というのは周囲にはもうなかった（わたしはこれを久米正雄の『受験生の手記』で知った。余談だが、久米正雄という名前もいまはもうあまり知られなくなったのではないか。夏目漱石の弟子で、芥川龍之介や菊池寛の友人だったといえば「ああ」という人もいるかもしれない。年少の頃から句作に秀で、俳号は三汀、「魚城移るにや寒月の波さざら」）。長文の英文和訳の練習にはサマセット・モームの『サミング・アップ』がよく使われた。大学入試によく出るからだった（朱牟田夏雄註の受験生用の版があった）。これがいちばんポピュラーだったが、モームを読み終えて『ラム随筆選』やギッシングの『ヘンリ・ライクロフトの私記』まで手を伸ばす猛者もいた。わたしはモームが精一杯で（それも全巻読み終えたわけではない）、ギッシングなどはのちに中西信太郎訳の新潮文庫版で読んだ。

このギッシングという人はなかなか波乱の人生を送った人のようである。そしてその若い頃に古典語を勉強している。それがくだんの『ヘンリ・ライクロフトの私記』に出てくる（夏の項）。あるとき若い頃に読んだクセノポンの『アナバシス』（これは『一万人の退却』とも訳されて、本邦ではギリシア古典の中でもよく知られているほうの作品ではなかろうか）を手にして、一週間くらいで全巻読了したとある。そして読後、とりわけ印象深い箇所として二つの場面を挙げている。

一つは、ギリシア軍の案内役としてしばらく行を共にした現地人が仕事を無事勤め終えたあと、たっぷりもらった報酬を手に夜闇の中を家へ戻って行く場面である（いま手元にある平井正穂訳の岩波文庫版では一〇四頁）。いま一つは、ギリシア軍が行軍中に捉えた二人の土地の男に行く手の道を訊き出す件《くだ》りである（同、一〇五頁）。二人のうち最初の男は言葉を尽くして訊問し、脅迫までしても、一言も喋ろうとしない。その挙句、業を煮やした尋問者によって斬殺されてしまう。なぜ彼は沈黙を守り通したのか。クセノポンはこう書いている（ギッシングによる要訳）。

一人は一言も言わず、脅迫されるも頑として沈黙を守る。やがてその同僚の面前にて斬殺さる。かくして他の一人、殺されし男の、道を指示するを拒める理由を明らかにす。曰く、ギリシアびとの進むべき方角に当たり、他家に嫁ぎしその娘住めるためなりと。

（平井正穂訳、岩波文庫一〇五頁）

そしてギッシングはこの箇所を引用した後で、つづけてこう書いている。

このわずかな言葉の中に含まれている以上の哀感を表現することはなかなかたやすいことではない。クセノポン自身は、われわれが感じるほどその哀感を感じなかったかもしれない。彼はその事件をただ事件として書きしるしたのである。その結果わずか一、二行のうちに、あらゆる時代の人々の感動をさそう、人間の愛情と犠牲のすがたが輝くにいたったのだ。

（同右、一〇五頁）

このギッシングの要約に優るものはない。『アナバシス』（筑摩書房版）の訳者、わが師松平千秋先生も、御訳業の解説の最後（二八九頁）にこの同じギッシングの文章（こちらは中西信太郎訳、新潮文庫版）を引用されている。そしてただ引用だけにとどめ、それ以外の感想めいたものはいっさい加えておられない。贅言《ぜいげん》無用と思われたからにちがいない。

ただ一言付け加えれば、この箇所だけを取り上げてのことではないが、ギッシングはクセノポンの『アナバシス』を読むためだけでもギリシア語を勉強する価値は大いにあると言っている。

ところで、ギリシア悲劇を読んでいると、犠牲とか生贄といったことがよく出てくる。それも人間のである。代表的な例の一つは、アウリスでのイピゲネイアの生贄だろう。

トロイア戦争に出陣するギリシア軍がアウリス港に集結した。ところが風が吹かず、出港できない。預言者カルカスが神意を確かめてみると、総大将アガメムノンの娘イピゲネイアをアルテミス女神への人身御供にせよとの託宣が下る。これを聞いたアガメムノンは全軍の将としての立場と、一人の父親としての立場との板挟みに苦しみながら、最後はイピゲネイアの人身御供を決心する。この状況を作品化したのがエウリピデスの悲劇『アウリスのイピゲネイア』である。

アガメムノンは、アキレウスに嫁入りさせるとの偽りの名目で、イピゲネイアを故国アルゴスからはるばるアウリスまで呼び出す。やってきたイピゲネイアはこれが計略であったことを知り、最初は頑強に生贄を拒否するが、ついには思い直してこれを受諾する。この受諾はあまりにも唐突で不自然な感が否めない。彼女の心の軌跡を追ってみよう。

人間には陽の光を仰ぐのがいちばん嬉しいこと。
大地の下には何もないのです。死にたいと願うのは
心狂える人。立派に死ぬより無様でも生きているほうがましです。

（一二五〇～一二五二行）

お母さま、わたくし思いついたことがあります。お聞きください。
わたくし、死ぬことを決心しました。願わくは賤しい心根を捨て、
見事に死に切りたいと思います。

（一三七四～一三七六行）

（わたくしを）生贄にして、トロイアを攻略してください。これでわたくしは末長

く
記憶されましょう。それこそわが子、わが結婚に代わるもの、わが誉れです。
ギリシア人は異国の輩《やから》を支配して当然、でもお母さま、異国の輩が
ギリシア人を支配することはなりません。彼らは奴隷、わたくしたちは自由人ですから。
（一三九八～一四〇一行）

これを見ても、生贄拒否から受諾決心へと至る過程がいかにも唐突であることがわかる。その理由らしきものとして上がっているのが聖戦遂行であり、祖国愛である。それが彼女の本心か否かは別として、どうやらその心中にはギリシア対蛮族、自由対隷従という牢固たる二項対立がある。その自由ギリシアを守るためにわが命を捨てるわけであるが、それは妻になり、母となり、子を持つという現世の幸せにじゅうぶん代替される崇高な行為、末永く人々に記憶される名誉ある行為であるとされる。身を捨てて大義につくこの行為は英雄的とも称されよう。わずか一五、六歳の少女がそう決心したというのである。人間が一大事を決心する際には、多かれ少なかれ唐突さや不自然さを伴うものだということを考えれば、強ち《あなが》不思議がることではないのかもしれない。この劇を見ていた観衆は、この唐突さに増幅された潔さ、可憐さに煽られて

万雷の拍手を送ったのではあるまいか。そこでは自由とか大義とかは二の次になっていたはずである。そして生贄という行為の残虐さも一瞬忘却されていたろう。

イピゲネイアは、しかし死ななかった。刃が喉を裂く寸前に、神によってその身は鹿とすり替えられた。彼女は神の手で空中を運ばれ、はるか北方の蛮族タウロイ人の住む地へと至る。そしてのちに弟オレステスに救い出されて故郷へと帰って来る。伝承ではそうなっている。

先のクセノポンの場合は、愛する娘の身を慮《おもんぱか》って父親が犠牲となって死んだ。犠牲の対象は肉親（娘）という具体である。この死はわかりやすい。後者イピゲネイアの例は、祖国愛という抽象概念のための犠牲死である。これもわからないわけではない。しかしよほど精神の高揚がないと難しかろう。ソポクレスの描いたアンティゴネ（『アンティゴネ』）の死もここに考え併せてもよいかもしれない。「神の法」に従って禁令を破り、兄の遺体を埋葬し刑死を与えられる彼女の行為は、イピゲネイアと同様の義ための死と考えられるだろう。

義は恐ろしい。義は死を要求するのである。義のために死ぬだけでなく、義のために殺す場合もある。プロスペール・メリメが描いたマテオ・ファルコネの子供殺しである（『マテオ・ファルコネ』）。村の仲間の掟を裏切った自分の幼い息子をマテオは銃で撃ち殺した。時も場所も違うが（一九世紀のコルシカ島）、この死の背後にも義がある。

いささか話が逸れた。悲劇の中の生贄のもう一つの例を挙げよう。エウリピデス『ヘカベ』のポリュクセネである。トロイア落城後、ギリシア軍は帰国の途に就く。しかしそのとき戦没したアキレウスの亡霊が現われて人身御供を要求する。皆はこの戦勝の大功労者の意に応え、トロイア王女であったポリュクセネを生贄に捧げることにする。

ポリュクセネとその母、前のトロイア王妃ヘカベはこの決定に驚き悲しむ。しかし敗戦国民にはそれを拒否する力はない。泣く泣く、しかし最後は従容としてポリュクセネは死んでゆく。


わたくしは自由の身のままでこの世とお別れいたします。

この身は冥府《ハデス》にささげます。

さあ、オデュッセウスさま、わたくしを連れてお行きなさい。そしてそのまま殺すがよい。

わたくしたちには、この先幸せになれるという
希望も見通しも、そう思わせてくれるものは何もないのです。

お母さま、どうぞ止めないでください。
何も言わず、何もなさらないでください。
不当な恥辱を受けるまえに死なせてください。
（三一七〜三二四）

先のイピゲネイアもこのポリュクセネも、生贄に決定されるまでの経緯はいろいろあれ、決定した以上は健気にその死を迎える。ただしポリュクセネにはイピゲネイアほどの大義はない。そこには祖国愛に相応するようなものはない。ただ隷従の身を厭い、自由人のまま死にたいというのである。

ポリュクセネをアキレウスの墓前で生贄にするため、ギリシア軍の陣営からオデュッセウスが使者となって彼女を連れに来る。これにヘカベが助命嘆願をする。オデュッセウスは取り合わない。ヘカベは、では代わりに自分を殺してくれと言う。これも拒否される。ヘカベが言う。

ではわたしも娘（ポリュクセネ）といっしょに殺せばよい。
そうすれば飲む血の量も二倍となりましょう、
大地にも、またそれを待ちうけている骸《むくろ》にも。
（三九一〜三九三）

これも拒否され、ポリュクセネの生贄は執行される。その折りの様子が伝令タルテュビオスの報告の中で明らかにされる。生贄の執行役ネオプトレモス（アキレウスの息子）のせりふである。

さあ、（父上よ）姿を現わされて、ギリシア軍とこのわたくしとがお供えの乙女の混じりけない真紅の血をお啜りください。（五三六～五三七）

生贄の喉から迸《ほとばし》った血は墓石にかかり、大地に浸み込み、その底に眠るアキレウスの骸《むくろ》に至る。アキレウスの骸はポリュクセネの血を飲むのだ。アキレウスは死して乙女の生き血を飲むのである。

人身御供は神話伝承およびそれに基づく創作――たとえば悲劇作品――の中だけの話ではない。歴史時代でも、それも啓蒙の時代と言われた前五世紀でも、じっさいにそれは行われた。対ペルシア戦争時、前四八〇年のサラミスの海戦において、ギリシア軍のテミストクレスが預言者エウフランティデスの託宣に従ってディオニュソス神への生贄としてペルシア人の捕虜三人の人身御供を敢行した例を、プルタルコスが告げている（『対比列伝・テミストクレス伝』）。そしてこう論評している、「テミストクレスはこの予言が酷い恐ろしいものだと驚愕したが、［……］多数の民衆は合理的な事よりも寧ろ背理的な事柄から救いを期待するものである」（『プルターク英雄伝二』河野与一訳、岩波文庫、一〇一～一〇二頁）と。

かくして古代ギリシアでは、生身の人間が生身の人間の血を飲むことはなかったが、神や大地、そして地の底の骸は人間の生き血を飲んだのである。

しかし時の力は蒙を啓《ひら》く。サラミスの海戦からほぼ一〇〇年ほどのちの前三七一年にテバイとスパルタとの間に戦が起きたとき、テバイの将ペロピダスが一夜人身御供の夢を見た。そこから古今の人身御供の話が議論され、是非が論じられ、結局は人間の代わりに馬が犠牲に供せられて一件落着した。この件を報告したプルタルコスは、最後にこう結論付けている、「神々が人間の血や殺戮を喜ぶと信ずるのは恐らく迷妄である」（『プルターク英雄伝四』河野与一訳、岩波文庫、一二三頁）と。

七　オリーヴ　実も油も

「地中海」の定義の一つに「オリーヴの樹木の生育するところ」というのがある。つまりオリーヴが生えている土地までは地中海地域とみなしてよいというのである。

地中海圏は砂漠地帯の端まで広がっており、オリーヴは地中海を代表する木である。北の陰鬱さと赤道の陰鬱さとを分かつ、太陽の輝きに満ちたこの地域の木なのである。それは二つのロマン主義の間の古典主義の象徴なのである。

（オルダス・ハックスリー『オリーヴの木』）

わたしはこれをマトヴェイエーヴィチを読んで知った（P・マトヴェイェーヴィチ『地中海——ある海の詩的考察』沓掛良彦・土屋良二訳、平凡社、一九九七年）。お借りしたい。

周知のように、地中海地域の気候は雨季と乾季に分かれる。いわゆる地中海式気候というやつである。春三月から晩秋の十一月まで乾季が続き、まずほとんど雨が降らない。作物も乾燥に強いものでないと生育しない。オリーヴは葡萄、無花果《いちじく》と並んで、その乾燥に強い地中海の代表的産物である。

こうした気候に加えて、ギリシアの地は山がちで平地が少ない。パンの材料となる穀類（小麦）の生育と産出には不向きである。古代において、この地に住む人々は僅かにできる産物のオリーヴから油を搾り、葡萄から酒を搾り、それを交易品にして小麦を求めた。「ギリシアは貧困という学校に育てられた」とはヘロドトスの言葉だが（『歴史』第七巻、一〇二節）、貧困であるがゆえに自足を求めて海へ出た。のちに迎えた古代ギリシアの繁栄は、この海上交易で獲得された富、そしてそれによって確立された経済基盤の上に成立したものである。ことほどさようにオリーヴは葡萄や無花果と並んで地中海域、そしてギリシアの人間には馴染みの深い植物だった。

オリーヴは非常に有用な樹木である。捨てるところがない。実は塩漬けにして食用にもするが、たいていは搾って油を取る。枝葉は燃料になる。建築資材というと大げさだが、オデュッセウスはオリーヴの大木を生木のまま自分たち夫婦の新婚の寝台に加工した。

屋敷の垣の内に今を盛りと生い栄える、葉長のオリーヴの株があった。その太さは柱ほどもあったが、わしはこの樹を中に置いて寝室を立て、隙間なく石を積んで仕上げると、しっかりと屋根を葺き、繋ぎ合わせた扉をぴったりと合うように建て付けた。そうしてから葉長のオリーヴの枝葉を落し、幹を根元から粗削りした後、手斧で幹のまわりを手際よく削って平らにした。さらに墨縄を当てて真直ぐにし、こうして寝台の支柱を造ると、その全体に錐で孔をあけた。先ずこの作業から手を付けて寝台を造り、金、銀、象牙で装飾を施して仕上げ、赤紫に美しく染めた牛皮の紐を孔に通してぴんと張った。

（ホメロス『オデュッセイア』第二三歌一九〇行以下、松平千秋訳、岩波文庫）

造作の様子をかなり詳しく描写してくれているが、その具体的イメージはいまひとつ明確に思い浮かばない。が、いずれにせよオリーヴの生木をそのまま寝台の基礎部分に利用したのである。そのためこの寝台は部屋の外への移動が不能で、そのことがオデュッセウス、ペネロペイア夫婦再認の重要な決め手になる。つまり物語全体にとっても重要な意味をもつ「寝台の秘密」なのだ。

しかしオリーヴの用途の一番のものは、それを搾って得られる油のそれだろう。言い遅れたが、オリーヴは原語でエライアー（elaia）という。この一語で樹木も実も示すことができる。搾った油はエライオン（elaion）という。ちなみにラテン語ではオレア（olea）あるいはオリーヴァ（oliva）といい、このオリーヴァから英語のオリーヴ（olive）が出た。

オリーヴ油の用途のまず一番手は燈火用である。闇を照らす燈火にそれは用いられた。前五世紀後半の古喜劇作品、アリストパネスの『雲』に次のような件がある。

召使　ランプの油《エライオン》が切れてしまいました。
ストレプシアデス　くそっ、何でまた呑み助のランプに火をつけたのか。
ここへ来い、痛い目に遭わせてやる。

（五六～五七行、橋本隆夫訳）

ドラ息子が拵えた借金で首が回らぬ一家の主人ストレプシアデスが、焦慮のあまり夜も眠れず、夜中に起き上がって家計簿をつけながら倹約に頭を痛めているところである。時代も場所も遠く離れるが、放蕩息子を持った近世大坂の船場商人の姿を彷彿とさせるところがある。

一方、一晩中ランプの灯を点しておけという話もある。もっともそれは時代も下がったローマ時代の家庭での話だが、プルタルコスがこう告げている。


フロルス（プルタルコスのローマの友人）は昔のことを大事にする人間だから、食卓をしまう時、決して卓上をきれいに片づけてしまわず、何か食べ物を残しておくようにしていた。

そして言うことに、「いや、これだけじゃない、父や祖父は、そりゃあ一所懸命このしきたりを守ったが、このほかにランプの火も決して消させはしなかったことを私は知っている。これも昔のローマ人がしっかり守っていた習慣なんだよ。近頃の人たちは、油をむだ使いしないようにと、食事がすむとすぐ消してしまうけれどね」。

（プルタルコス『食卓歓談集』柳沼重剛訳、岩波文庫、一八〇頁）


先のストレプシアデスに言わせれば、とんでもない不経済な話だということになるが、ローマ人にはローマ人らしい理由があって、ランプの火は永遠に燃え続けるウェスタ神殿の神聖な火と同類であるゆえに、それを消せば不敬にあたるということなのである。

プルタルコス自身は、これの理由づけとして以下のように言う。

習慣というものは自分以外の人間に対する思いやりを教えるものだということなんだがね。例えば自分は腹一杯食べておいて食料を隠すとか、自分はさんざん飲んでおいて泉の水を涸らすとか隠すとか、航路を示すしるしや道しるべを、自分だけはそのお世話になっておきながら壊してしまうとか、そんなことをやるとしたら、これは神の掟に背くことだ。我々の後から来てそういうものを必要とする人々のために、そのまま遺しておくべきだろう。だからランプの火にしても、自分はもういらないからというので消してしまうのは、その根性がけちな点でほめたことではない。それよりは、誰かがそこへ来てランプの明かりが必要になることがあるかもしれないから、その火が消えないように気をつけてそのままにしておく方がいい。

(プルタルコス『食卓歓談集』柳沼重剛訳、岩波文庫、一八三頁)

まことに尤もな言い分だが、しかしここには貧者の経済という視点が抜けている。先の大戦後の窮乏期を生きてきたわれわれは、火の神には失礼しても「遊んでいる電燈」は子供でも消して回ったものである。
オリーヴ油のいま一つの用途は身体への塗布である。健康のためなのか身だしなみなのか、古代ギリシア人は風呂で身体を洗ったあと、全身にオリーヴ油を塗り込むのを習慣としていた。ホメロスにこうある。

心ゆくばかり眺め終ると、磨き上げた湯船に入って浴みする。女中たちが二人を洗って、オリーヴ油《エライオン》を肌に塗り込み、下着と羊毛の上着を身に着けさすと、二人はアトレウスの子、メネラオスの傍らに腰をおろした
（『オデュッセイア』第四歌、四二～五一行、松平千秋訳、岩波文庫）

二人とは、父の消息を尋ねてイタケ島からはるばるスパルタまで旅をしたオデュッセウスの息子テレマコスとその彼にピュロスから道案内役についたネストルの子ペイシストラトスである。またその頃はまだ帰国途中の海上にいた父オデュッセウスも、漂着したパイエケス人の島で歓待を受け、風呂上りにオリーヴ油を塗ってもらっている。

女中たちがオデュッセウスの体を洗って、オリーヴ油《エライオン》を肌に塗り、肌着を着せ、上から美しい上着を羽織らせると、オデュッセウスは湯船から上がり、酒盛り中の男たちの方へ向かおうとした。

（『オデュッセイア』第八歌、四五四行、松平千秋訳、岩波文庫）

右の二つの引用の「女中たちが……」以下はその文章が訳文でもよく似ているが、原文でもほぼ変わらない章句になっている。これはいわゆるフォーミュラ（formula 定型句）で、篇中に同様の情景が出てくると同じ決まった言い回しで描写する。フォーミュラは長篇を暗唱する朗詠者に有効な暗唱技術の一つである。ということは、また古代ギリシアでは風呂上りにはたいていオリーヴ油を身体に塗り込むことが習慣となっていたことが、これでわかる。

ホメロスから少し時代が下がった頃の詩人へシオドスの作品にも次の章句が出てくる。

娘は浴《ゆあ》みして丹念にその柔らかな肌を洗い、こってりと油《エライオン》を塗って、家の奥間で眠りに就く。

（『仕事と日』五二二〜五二三行、松平千秋訳、岩波文庫）

さて、オリーヴの用途の三番目は、その実を食用にしたことである。とはいえ喜劇作品などに当たってみても、思ったほど頻繁に姿を見せるわけではない。その希少例が以下。

だが昔は違った。ミュロニデスが、
この高貴な人物が官職に就いていた頃には
図々しい奴など一人もいなかった、
ポリスの政治に携わって
金を受け取る者なんか。
それどころか、やって来たものだ、
めいめい革袋をもって。その袋のなかみは
自前の飲み物にパン、
たまねぎ二個に
オリーヴ三個。
ところが今では、三オボロスが

ほしい一心で
公共のことをする、まるで
土運びをするように。　（アリストパネス『女の議会』三〇四a〜三一二行、西村賀子訳）

ミュロニデスというのは前四七〇年から前四五〇年頃に活躍したアテナイの将軍。その頃のアテナイ市民は民会に出席する際も弁当持参で、それもきわめて質素なものだった。その中身にたまねぎと並んでオリーヴの実が、それも僅か三個入っている。たまねぎもオリーヴも、どこにでもある庶民の食べ物である。しかも携行に便利で保存も利く。ただ三個とは、いかにも少ない気がする。

ところが昨今は民会出席の手当てが市当局から出るようになって、それが三オボロスだというのである。貨幣単位オボロスとドラクマの関係についてもう一度繰り返しておく。六オボロスが一ドラクマ。そして一ドラクマあれば、前五世紀末頃のアテナイで標準家庭が二、三日食えたという。日当目当てに民会へ出てくるのもむべなるかな、であろう。

さて、この食べるオリーヴにも等級というか、分類の種類がある。アテナイオスがカリマコスの『ヘカレ』から引いているのをみると、まず完熟オリーヴ、次に籾殻オリーヴ、そしてまだ白い実を塩水に漬けて保存食用としたものの三種類ある。籾殻オリーヴとは、その色が籾殻色をしているところからそう呼ばれるが、ピレモン曰く質はあまりよくない由。味はやはり完熟オリーヴが一番だろうと思われる。以下はそれを遊女に例えた例。

老人よ、あなたはどちらがお好きなのか、熟れきった娼婦か
それとも塩漬けした（熟していない）硬いオリーヴのような
処女も同然の娼婦か。（アリストパネス『ゲラス（老い）』断片一四八、久保田忠利訳）

まさに「蓼食う虫も好きずき」の地平。読者諸兄にも「まだ硬いけど、イイね」という仁がおられよう。

オリーヴを塩漬けにするときは、ウイキョウ（茴香）も一緒に漬け込む。

その結果、誰もがマラトンを、後々も善きこととして記憶して、
オリーヴの塩漬けにはマラトン（ウイキョウ）をいれるのである。
（ヘルミッポス、作品名不詳断片七五、吉武純夫訳）

マラトンは前四九〇年のペルシア来寇時の激戦地で、ここで勝利したギリシア軍は何とか国土防衛を果たすことができた（近代オリンピック競技のマラソンは、このマラトンからアテナイまで長駆伝令が走って勝利を告げたという故事にちなむ。ただしこの故事は不詳である。ペルシア戦争のこの項を告げたヘロドトスの『歴史』第六巻一一二節はこの件をまったく無視している。なお老婆心ながら「マラソン」はギリシア語の「マラトン」の英語読み）。それを記念してオリーヴの塩漬けにマラトン（ウイキョウ）を一緒に漬け込むというのである。ウイキョウは地中海原産のセリ科の多年生植物で、香りは甘いが味は苦く、消化促進と健胃作用がある。これがオリーヴの塩漬けとどういうかかわりがあるのか、よくわからない。マラトンという名辞の共通性はあるだろうが、そこになぜオリーヴが絡むのか。縁起担ぎなのか。地名のマラトンは原語ではマラトーンと語末が長音になるが、植物名のウイキョウはマラトンと語末が短い。ただし地名のマラトーンは、その地にマラトン（ウイキョウ）が一面繁茂していたところから名付けられたもの、と辞書にはある。

実だけでなくそれを搾った油もまた広い意味での食用に供される。調理用の油としてである。

そしてイカもパレロン（＝アテナイの外港）のアンチョビもまた同じ、
羊の臓物と混ぜ合わされて
軛《くびき》を離れた仔馬さながら、跳ねるわ走るわ、
さらに団扇《うちわ》がヘパイストスの番犬（＝火炎）を熾し、
フライパンの熱気を煽り立てる。
（エウブロス断片七五『オルタンネス』より）

フライパン（原語ではテーガノンあるいはタゲーノン）に油（当然オリーヴ・オイルだろう）を敷き、小魚や動物の臓物を炒めるか、あるいはたっぷりの油にくぐらせてフライにするかといった態。気の利いた調味料が加わればちょっとした馳走である。

ところで昨今本邦では、レストランでランチなりディナーなりを注文すると、パンはパンとバターではなく、パンとオリーヴ・オイルという組み合わせで出てくる場合が増えてきた。本邦の食生活にもオリーヴ・オイルがかなり浸透してきたことを示す一つの例だろう。加えて「これこそ最新の流行グルメですよ」ということでもあるのだろうが、古代ギリシアにもすでにそれが、つまりパンはオリーヴ・オイルに浸して食べるという風習があったか否か、ちょっとわからない。朝食にマーザという粗パン

をワインに浸して食べたらしい（いつもではないが）ことは、第一章で触れたとおり、あったようである。

現代でも地中海域ではオリーヴの生産が盛んである。ある統計によれば、スペインが生産量世界第一位（全体の約三〇％、四三〇万トン）、イタリアが第二位、ギリシアは第三位である。食用ももちろんあるが、大半はオリーヴ油用である。

神戸湊川神社のオリーブ

地中海を遠く離れた本邦でもオリーヴの樹木は生育されている。瀬戸内の小豆島や岡山県の牛窓あたりが有名である。この章の冒頭に挙げた「オリーヴの樹木の生育するところ」という定義からすると瀬戸内一帯も地中海域になる勘定だ（?）。それはさておくとして、そもそもオリーヴが日本に入って来たのはそんなに遠い昔ではない。一〇〇余年前の明治一一年、パリ万博の日本館館長だった前田正名が彼の地から苗木を持ち帰り、各地に移植して広めたのが最初である。その最初の木の一本が神戸の湊

川神社（楠木正成を祭神とする。ＪＲ神戸駅すぐ北）にある。正面の門をくぐって境内に入ったすぐ左手に、約三メートルの高さになって今も植わっている。ただし幹はまだ細い。以前エーゲ海のクレタ島で樹齢二〇〇〇年という古木を見たことがあるが、丈の高さよりもその二抱えも三抱えもありそうな胴周りに圧倒される思いだった。

閑話休題。古代ギリシアでは、戦時敵の城市を攻めたとき、攻め手は市民みな城市内に籠城して留守になった郊外の畑地を荒らし、オリーヴの樹を伐り倒したという。一度伐り倒されると、新芽の萌え出るのを待つか再度植樹するかして実を結ばせるまでにはかなりの年月がかかるから、敵の城市の勢力を衰えせしめるに効果的な攻撃となった。

一〇〇年と二〇〇〇年、彼我の差は大きいが、いずれはこの東洋の地でも二〇〇〇年の長寿を全うするオリーヴの樹木が現れるかもしれない。

クレタ島の樹齢2000年というオリーブの木（川島重成氏提供）

八　宴会の余興

宴会。財力のあるものは自ら主宰して客を呼び、無い者は互いに費用を持ち寄って宴会を開く。今も昔も変わらない。そして和気藹々のうちに飲食が進み座が盛り上がると、歌の一つも欲しくなる。宴会には余興が付き物である。古代ギリシアでもそれは同じで、すでにホメロスにこうある。

一同は用意された料理に手をのばしたが、やがて飽食の欲を追い払うと、今度は次の楽しみ、宴（ダイス。英語で feast）には欠かせぬ付き物なる歌と踊りに心を向けた。近習の一人が見事な竪琴をペミオスの手に持たせると、かねてから心ならずも求婚者らに侍して歌うこの楽人《アオイドス》は、妙なる歌の序奏として琴を鳴らし始めたが……

（『オデュッセイア』第一歌、一四九〜一五五行、松平千秋訳、岩波文庫）

宴会には歌と踊りが欠かせない、とある。ホメロスの時代というと、『オデュッセイア』が成立したのが前七〇〇年ごろと想定されるから、今からざっと二七〇〇年以前、そこに書き込まれている事象は、年代的にはその頃かその頃以前のこととなる。いや、ことさらに難しく考える必要はない。飲食と歌・踊りとの付き合いは有史以来人間の生活とは切っても切れない腐れ縁のようなもので、腹がくちくなり酔いが回れば歌が出、踊り出すのは人の世の習い。今も昔もない。ただ、右の場合は飲食した者が浮かれて自分で歌い踊り出すのではなく、その道のプロを雇って宴会の場を盛り上げる場合の話である。当然費用も掛かる。

ペミオスは楽人（アオイドスという）の名前。楽人とは吟遊詩人のことで、こうした宴会に呼ばれてその余興に歌物語を楽器をならしつつ朗誦するのを業とした。ここでペミオスが歌ったのは、トロイア戦争に出かけて行ったギリシア軍の帰国の模様、その苦難の船旅だった。トロイア戦争が終わって概ね一〇年、その戦争のさまざまな局面（ここは帰国の様子）がすでに歌物語となって吟遊詩人の歌うところとなっていたのである。この素早い対応は、文芸界にあっては先のトロイアでの一〇年戦争は格好の事件であり、素材であったことを示すものだろう。

同じホメロスに次のような例もある。

デモドコスよ、そなたは世の誰にも優る歌の名人と感じ入った。そなたに歌を教えたのは、ゼウスの姫、ムーサか、あるいはアポロンであったのであろう。そなたの歌うアカイア勢の運命――アカイア人たちの天晴れな働きと、彼らの身に起ったことごと、ことにその数々の苦難の物語は、まことに見事であった。さながらそなたがその場にあったか、あるいは（その場にいた）誰かから聞いたかのような生々しさであった。しかし今度は趣を変え、木馬作りの条りをうたってくれぬか――エペイオスがアテネのお助けを得て作り成し、名に負うオデュッセウスが、後にイリオスを陥れた将兵をその腹中に潜ませ、敵を欺く罠として敵の城内に運び入れた、その木馬の物語をじゃ。

（『オデュッセイア』第八歌、四八七～四九五行、松平千秋訳、岩波文庫）

歌い手の名前はデモドコス。先の場合とは別人の吟遊詩人である。場も違う。先の場合、宴会の場はイタケ島のオデュッセウスの館であったが、ここはスケリエ島（というパイエケス人の住む架空の島）のアルキノオス王の館である。トロイア戦争後それを素材とする歌物語が作られ、それを複数の歌い手が各地を遍歴しながら歌い歩いていたことが想像される。

ところでここで興味深いのは、トロイアで一〇年戦争を戦ったオデュッセウスが、そのまた一〇年後、その戦争の時の己の行動をいま聴衆の一人となって聴いていることである。右に述べたとおり、吟遊詩人たちの迅速かつ旺盛な創作意欲がそれを可能としたのであるが、なおも興味深いのはオデュッセウス自らがその戦闘場面（自ら関わった木馬の計略）を楽人に所望して歌わせていることである。作品のモデルとなった人物が作中の自分の姿を眺めている、そしてそのことがまた『オデュッセイア』という吟遊詩物語の一部となっているという構図である。

『オデュッセイア』という歌物語の登場人物オデュッセウスが、その歌物語の中で『オデュッセイア』と思しきトロイア戦争譚を自らリクエストし、聞き楽しんでいる様子が『オデュッセイア』そのものの中で展開されているのである。

作品の人物モデルは作中の己の描かれ方に関して、しばしば作者と軋轢を起こす。近時、あのゲーテの『若きヴェルテルの悩み』では、ケストナーは自らを模したとされる作中のアルブレヒトに不満で、ゲーテに文句をつけた。しかしここのオデュッセウスは自分の描かれ方にきわめて満足し、楽人を褒めこそすれ、文句をつけることはなかった（いや、オデュッセウスは実はここで泣いたのだ。なぜ泣いたか。話が長くなるので遺憾ながらここでは略す。興味のある方は拙著『旅の地中海――古典文学周航』学術選書二四、京都大学学術出版会、三五頁以下を参照されたい。オデュッセウスは自らトロイア時代を語ることはしない。そのときの自分の姿を聞かされれば涙をもって封殺する。彼は新しい時代のとば口に立っている。新しい時代に入って行くには英雄が棲息していた時代と場所を脱出する必要があった。彼は涙でもって古い時代と訣別するのである。簡単にいえばこういうことだ）。

閑話休題。楽人の歌う歌物語は、かくして古代の宴会の場においては、欠くべからざる余興の一つであった。時代が下がって歴史時代になっても、楽人が朗誦するホメロスの二大詩篇『イリアス』と『オデュッセイア』は、宴会で朗誦される余興の華だった。

次の証言はどうだろう。

「……そこでもっといいことは、始めからやりなおして愉快にやることだ。ホメロス吟唱者たちを見ようではないか（Homeristas spectemus）」

ただちにその一行が入ってきて、槍と盾を打ち合わせた。トリマルキオンはというと、膝枕の上に坐りなおすと、吟唱者たちが例のもったいぶった調子でギリシア語の詩で対話を交しているあいだじゅう、うたうように抑揚をつけラテン語の訳文を朗読していた。

（ペトロニウス『サテュリコン』國原吉之助訳、岩波文庫、一〇三頁）

時はすでに紀元一世紀半ば（ホメロスの両詩篇が世に出てから七、八〇〇年が経過している）。場所はギリシアではなくてイタリア南部。宴会の主催者はギリシア人ではなくローマ人で、解放奴隷上がりの億万長者トリマルキオン。それでもここでホメロスの詩篇が、宴会の余興の一つとして、朗誦されている。ただ参会者（普通のローマ庶民）にとってそれが真の余興になったか否か、ちょっとわからない。主催者からしてラテン語の訳本を見ているくらいだから。

それにしてもホメロスの詩篇の威力恐るべし。時と場所は移り変われど、とにかく宴会では、それはこうして「余興」として朗誦された。いわば宴会の華として定番化、ルーティーン化していた、と思われる。

しかし宴会の余興はホメロスの朗誦ばかりではない。舞踏もある。先の『オデュッセイア』に登場したアルキノオス王主催の宴会でも、朗誦の合い間にそれが出てくる。

やがて近習が、玲瓏の音を奏でる竪琴を持ってデモドコスに近付くと、楽人は場の中央へ進み、彼を囲んで青春の花の盛りの若者たち、いずれも踊りの名手ばかりが並び立ち、美しい踊り場を足で踏み鳴らして踊れば、オデュッセウスは感嘆しつつ眺めていた。

（『オデュッセイア』第八歌、二六一～二六五行、松平千秋訳、岩波文庫）

ついでアルキノオスは、ハリオスとラオダマスに、ふたりだけの踊りを所望した――これはふたりが他に並ぶもののない名手であったからだが、ふたりは名工ポリュボスが、特にこのふたりのために作り上げた、紫の美しい毬を手に取って、ひとりが身をのけぞらせて小暗い雲をめがけて毬を投げると、ひとりが大地から高く跳躍し、足が地に着くより先に易々とその毬を掴む。毬を用いて跳躍の技を試みた後、次は豊穣の大地の上で、目まぐるしく互いの位置を変えつつ踊り、他の若者たちは場内に立ち並んで手拍子を打ち、凄まじい響きが湧き起る。この時勇士オデュッセウスはアルキノオスに言葉をかけ、「万人に優れて誉れ高きアルキノオス王よ、先刻あなたは、貴国の踊り手は他に比類がないと仰せられたが、今そのお言葉通りであある証拠を見せていただいた。拝見してただただ驚くばかりです。」

（同右、第八歌、三七〇～三八四行）

踊りは踊りでも軽業的要素の濃い激しくスピーディーな所作のもの、ということができる。踊り手たちは厳しい修練を積んだ特技集団とでもいうべき存在であったろう。踊り子はローマ時代の宴会にもいた。

こう言ったとき、四人の踊子（tripudiantes）が楽隊の調べに合わせて足を踏み鳴らし駆けよると、運搬台の上の部分をとった。するとその下の台に、肥えた鶏と豚の乳房と、有翼神馬ペガソスと見てとれるように胴体に翼をつけた野兎が見つかった。

（ペトロニウス『サテュリコン』三六、國原吉之助訳、岩波文庫）

トリマルキオン家の豪奢な宴会描写の一部である。ここでは踊り子が給仕の世話もしている。

これより少し時代が進んだプリニウス（六二～一一三年頃）の時代にも、踊り子は登場している。

あなたは喜劇役者でも、朗読者でも、竪琴奏者でも、あるいはこれらをすべてでも——これが私の気前の良い所ですが——聴けたでしょうに。ところがあなたは、誰か知らない人の所で、牡蠣・豚の子宮・雲丹・ガディスの踊子（Gaditanas）の方を択んだのです。

（『プリニウス書簡集』一、一三（五）、國原吉之助訳、講談社学術文庫）

約束していたのに現れなかった招待客セプティキウスへの恨み節である。せっかくご馳走も余興も万端準備をしていたのに、と。喜劇役者は、プラウトゥス、テレンティウスら昔の作家の作品の一部を吟唱するために、また朗読者は詩、歴史、演説などを朗読、暗誦するために雇用されたのである。それなのに来ないとは、という恨み節。せっかくの余興が客の重荷になる場合もあったのかもしれない。予定していた客は、お堅い朗誦よりもガデス（スペイン南部、現カディス）の乙女らの踊りのほうに流れたのである。しかも当時スペインの踊り子は一流だとされていた。いや一流でなくても、喜劇のさわりを聴かされるよりも若く美しい踊り子の肢体を眺めるほうがよいという仁は、時代を問わずいるものである。

ギリシアにも女性の踊り子はもちろんいた。アリストパネスの『女の議会』では、その踊り子の若いのを二人連れて食事に行く男の姿が描かれている。若いぴちぴちとした踊り子を連れ出したこの男の思惑については、言わぬが花。プリニウスの話と同じだろう。

時代がずっと下がった紀元三六〇年頃に出た古代ギリシア小説、ヘリオドロスの『エティオピア物語』にも宴会での「乙女たちの歌舞」が言及されている。またそこには笛吹き女の演奏、武装した若者たちの戦勝踊りなども併記されている。いつまでたっても芸のないことよ、と慨嘆すべきか、いやこれこそ余興芸の伝統なりと解すべきか。

いや待った。小説の中で展開する物語の時代は前六世紀末前後と想定されている。とすると右の宴会の余興の時代も前六世紀末に戻す必要があるのではないか。ここに厳密な時代考証を適用するか、あるいはこの作品の執筆時代の宴会模様をつい書き込んだにすぎぬものとするか、これは確定するのが難しい問題である。

話をホメロスに戻す。アルキノオス宮廷の踊り手の見事な技を見物したあと、オデュッセウスはアルキノオス王に請われるままに自らの帰国途中の冒険譚を語って聞かせる。そしてそれが実は『オデュッセイア』の物語の一定の部分を占めるのだ。一般に来訪者が語る旅の話は、他国の様子を告げる貴重な情報として、聴く側にとっては強い興味の対象であったはずである。そして宴会においては、それはまたとない余興ともなったに違いない。オデュッセウスは期せずして宴会の余興提供者を演じることになる。

中世ドイツの叙事詩『ニーベルンゲンの歌』を誕生せしめた吟遊詩人たちと各地の領主や司教たちとの関係も、これと似たものだった。十一世紀の頃ドナウ河流域を遍歴していた吟遊詩人たちは、単なる宴会の余興提供者にとどまるものではなく、各地の情報の伝達者としての機能も果たしていた。そして宴の主催者は歌を生み出す場の提供者であると同時に、もたらされる情報を歓迎する情報の受容者でもあった。

本邦に『奥の細道』という俳人松尾芭蕉の旅日記（吟行）がある。あれは伊賀の間者の陸奥探索行を隠蔽する表の顔だという俗説を聞いたことがあるが、つまり芭蕉は俳人を装った情報取集者だったというのだが……これはさておこう。

一挙に時代と場を飛ばして前四世紀初頭のプラトンに登場いただこう。今度は音の饗応である。

エリュクシマコスが言った「〔……〕次にぼくはこう提案する。――今しがた入って来た笛吹き女《アウレートゥリス》は引きとらせて、自分の楽しみに独りで吹くなり、あるいはしたいというなら、奥の女どもに吹いて聞かせるなり、いいようにさせ、われわれの方は互いに言論を発表し合って今日の集りを過すことにしよう。

（『プラトン全集5』「饗宴」一七六E、鈴木照雄訳、岩波書店）

『饗宴（シュムポシオン。酒席を共にするの意）』は前四一六年の悲劇上演（レナイア祭）で優勝したアガトンの祝勝宴会の模様を描いた対話篇であるが、それが公表されたのは前三八五年以降の頃とされる。前五世紀末から前四世紀初頭の頃のアテナイでの宴会風景の一端を示しているとみてよい。この宴会は、エリュクシマコスの提案通り、以下参加者一同の「愛」についての高尚な言論を発表し合う場となっていくのであるが、最初は通常の宴会通りに余興として笛吹き女を雇い入れ、その演奏を聴く趣向が用意されていたのである。哲学者ソクラテス、悲劇作家アガトン、喜劇作家アリストパネスといった錚々たるメンバーも、宴会となれば酔余甘い音楽を楽しもうと、笛吹き女を用意することを忘れていなかった。

宴会における音楽の効用については、後にプルタルコス（＝プルターク、四六年頃～一二〇年頃）も次のように言っている。

音楽の余興が最も重要な機会は、宴会が、不和や争いのために混乱し、騒々しくなったときなのだ。このときに、音楽は、罵声を鎮め、不快な口論や詭弁的な論争になってしまう議論を阻んだり、集会での公開論争になりそうな討論を抑制し、宴会を、再度、騒がしい無意味な声のなくなった、最初の静かな状態にするのである。（プルタルコス『食卓歓談集』七一三F　松本仁助訳、京都大学学術出版会）

とりわけフルートという楽器は「澄んだ音をだし、耳を通してその安らかな音色を心にまで響かせて、人々を落ち着かせる」（同七一三A）と言っている。ただ残念なことにその旋律やリズムを現代のわれわれが体験することはできない。よしたとえ万一首尾よく体験できたとしても、それがわれわれの意に沿うものであり、そして現代社会に倦み疲れたわれわれの心をじゅうぶんに和ませてくれるものであるかどうか、その点は疑問である。しかしそれでもフルートの優しい音色と優雅な調べは、たとえ現代風ではないとしても、聴く者の心を慰めてくれるだろう。

笛吹き女は宴会の添え役としてけっこう重宝されていたらしい。前五世紀末以降アテナイで活躍した喜劇詩人アリストパネスも、じっさいの演奏場面ではないが、宴席から客に連れ出される笛吹き女を劇中に登場させている（『蜂』一三四一行以下）。そして後四世紀の古典古代後期という時代になっても笛吹き女の演奏が宴会に付き物だったことは、先述のヘリオドロスの報告のとおりである（先にちょっと触れたとおり、この場合は執筆者が執筆当時の宴会の風習をそのまま書き込んだと仮定しなければならない）。

宴会の余興として、剣闘勝負なんてものもある。アテナイオスがそれを告げている（『食卓の賢人たち』一五三e以下）。そこで挙がっているのはゲルマニア人、ローマ人、ケルト人たちの例で、ギリシアの、例えば古典期のアテナイでのそれではない。たいていはデスマッチだから、物騒なことこの上ないが、酔いの回った宴席の客は、死者が出ると大喜びで喝采したという。民族性なのか、いや民度が低いのか、いやいかに高度な文化水準にあるといえど、そんなもの、一度酩酊すればアッというまに宙に飛んでしまうものなのか。つくづく酒は、酩酊は、恐ろしい。そういう時こそ、右に述べた楽の音が必要とされると思われるのだが、剣闘勝負を見ることを前提にした殺伐たる雰囲気の宴会には、逆にそれこそ無用の長物かもしれない。

さて、宴会の余興として右に述べてきたのは、宴席の客たちに主催者側から提供されるいわゆる余興の数々であったが、宴会の雰囲気を盛り上げるのはそうした「他動

コッタボスに興じる酒宴の客（左の２人）　前５世紀初頭のフレスコ画
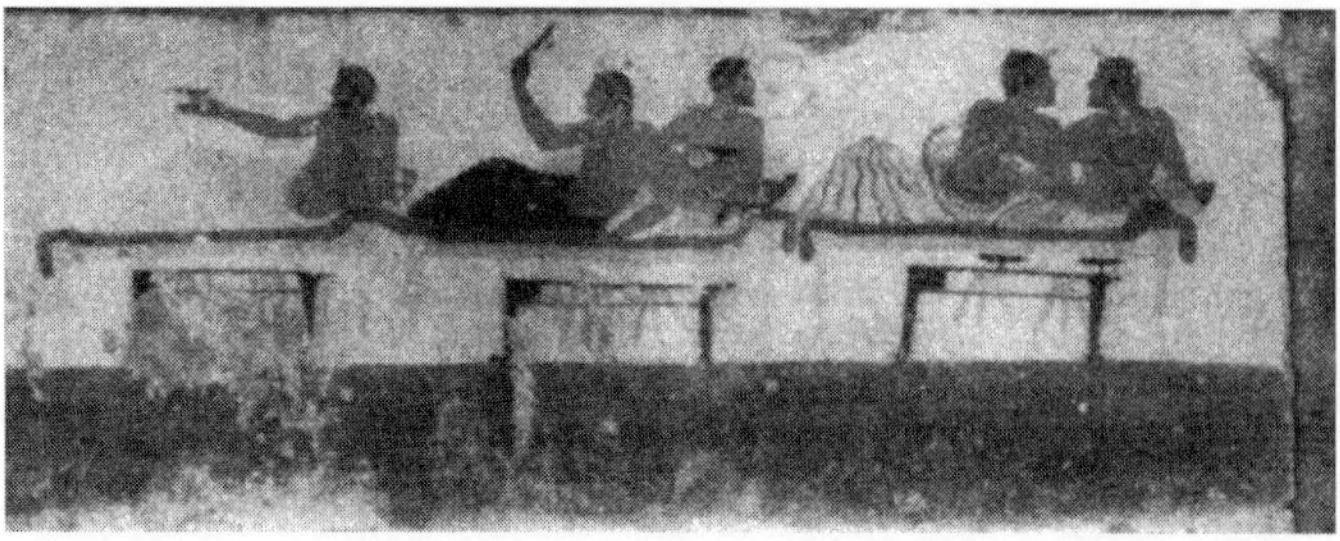

的な」余興ばかりではない。宴会に参加している客たち自身が自ら「自動的に」作り出し、自ら楽しむ余興、われわれの言う宴会芸のようなものもある。その一つがコッタボスである。これは盃に残ったワインの澱《おり》（あるいは滴《しずく》）を設定された的に当てるゲームで、宴会でしばしば行われた。アテナイオス『食卓の賢人たち』六六六b（柳沼重剛訳）にこうある。

コッタボスというゲームをはじめて考案したのはシケリア（シチリア島）の人々だから、これはシケリアの発明だ。カライスクロスの子のクリティアスが『エレゲイア』でそう言っている。
コッタボスはシケリアが生んだ、最も輝かしい発明。
それをわれわれは、的をめがけて酒のしずく（latax）を投げる遊びにした。

このような宴会芸は古今東西いずこも同じで、本邦でも花街と称せられる場では扇や盃を使った洒落た「芸」があった、いやいまもある、と聞く（ここで曖昧な言い方になるのは、残念ながら筆者はそのような時代と場に遅刻して入れて貰えない世代、いやそのような場には入ることが叶わぬ侘しい世過ぎの身でもあるからである）。たとえ花街でなくとも、宴会の客たちの前でぜひとも披露したいという得意芸をもつ客や主催者は、皆から歓迎される場合もあるが、逆に敬遠される場合もある。

宴会芸ではないが、あの暴君ネロは自らの芸術的才能を過信するあまり劇場を借り切って独演会を開き、無理やり閉じ込めた満員の聴衆を前に長時間歌いかつ演じ、終了するまで一人たりとも劇場を後にすることを許さなかったという（I・モンタネッリ『ローマの歴史』藤澤道郎訳、中公文庫、二七二頁）。これは人間の悲しき性《さが》というべきもので、一旦芸に入れ込んだら最後、身分、職業、教養、性別など一切関係なく、行くところまで行ってしまう、その典型例である。権力に驕る独裁者ネロだけに許された特殊例というわけではない。現代でもカラオケ酒場で一度マイクを持ったら金輪際放さず延々と自慢の喉を聴かせたがる仁がいることは、われら周知の事実である。つまり小型ネロはわれらの周辺にも掃いて捨てるほどいるのである。

それはご免だ、そんな人とは一緒に酒を飲みたくないという人もいよう。古代にもそれをわかって、きちんと気配りする人もいた。ローマの詩人マルティアリス（四〇年頃〜一〇四年頃）の次の詩を見てほしい。

肝心なことをお約束しましょう、わたしは詩を朗誦してお聴かせするなんてことは一切いたしませんとね（nil recitabo tibi）。
でもあなたのほうは、『巨人族』を、いや詩聖ウェルギリウスの向こうを張るあの田園詩だって、
もう一度全篇歌って聴かせてくださって結構でございます。

（『エピグランマタ』一一、五二）

これはユリウス・ケリアリス宛の宴会招待状という体裁を持つ詩の一端だが、宴会に付き物の詩の朗誦をわたしのところではやりません、お約束します、ですから安心してご出席くださいという文面で、気が利いている。いや、利かせすぎているというべきか。それにしても詩の朗誦を聴かせられるのを嫌がる宴客がいかに多かったか、それを推測せしめる一節である。逆にあなたのほうの自作詩の朗誦はいくらでもお聴きしましょうと寛容さを見せつけ、客集めに余念がないようすでもある――多分に皮肉っぽいが。ご馳走は頂戴する、その上で他人の詩の朗誦を聴くのはごめんだが、自

作の詩は宴会で朗誦したいというわがままで無作法な人間が増えたということだろうか。先にカラオケ酒場版現代風俗に触れたが、「芸」とわれら人間との絡み合いはまさに洋の東西を、いや時と所をも選ぶこと無し。酒が入るとなおさらに。

旬の食材と旨い酒、そして硬軟取り混ぜた洒落と機知に富んだ会話、これが宴会の楽しみだろう。余興はさらにこれに人工的に楽しみを加えようとするものだが、その意向が強くなりすぎ力が入りすぎるとおかしくなる。旨い料理と旨い酒があれば、自然と心が開く。心が開けば口も開く。各自が縦横無尽に口を開けば、宴はおのずと楽しく盛り上がる。余興は不要となる。余興の話をしながら、けっきょく最後は余興不要に落ち着いた。

九　デザート各種

洋食の正餐の後に出てくる菓子や果物などをデザートと言い、すでにわれわれの日常の食生活においてもごく身近なものになっているが、古代ギリシアでもすでにそれはあった。哲学者アリストテレスがその定義のようなものを言い残しているので、それをまず掲げておこう。

「食後の菓子や果物《トラゲーマ》」は、一般に、食事とは別のものと考えられるべきであって、それはちょうど、食物が「［食後の］菓子や果物《トローガリオン》」とは別のものであるのと同じである。この語（トローガリオン）はギリシア人にとっては、食後の菓子として、食べるものが出された時に、それを呼ぶ父祖伝来の呼び名である。したがって、これを「二の膳」（デウテラ・トラペザ。直訳すれば「第二の食卓」）と呼んだ最初の人は、その呼び方が間違ってはいなかったと思われる。というのは、食後の菓子や果物を食べることは、事実、いわば一種の「食後の食事《エピドルピスモス》であり、食後の菓子や果物は、第二の食事として供されるものであるからである。

（アリストテレス断片集『饗宴』（または『酩酊について』）五、宮内璋・松本厚訳、「アリストテレス全集一七」、岩波書店、五一四頁）

古代ギリシアでは「二の膳」つまり食後にもう一度食べる食事があった。そしてそこでは「菓子や果物」が食された——まさにわれわれの言うデザートである。

甲　あなた用に、食卓の上はデザート《トラゲーマタ》の山盛りだ。
乙　わたしはそうそういつも「デザート食らい」というわけではありませんぞ。

（エウブロス断片四四『カンピュリオン』）

デザートのことを古典ギリシア語でトラゲーマタという（これは右のアリストテレスの引用にあるトラゲーマの複数形だが、複数形で使われるのがふつうである）。辞書には sweets, fruits, dessert とある。もとは動詞のトラゴーで「デザートの果物を食べる」の意。トラゴーと同じ意味のトローゴーという動詞もある。その名詞形トローガリア（右のアリストテレスの引用に出てきたトローガリオンの複数形）も「デザートで食べられる果物」の意で、すなわちいわゆる「デザート」である。そして「デザート食らい」と訳されているのはピロトラゲーモーンという言葉で、文字通り訳せば「デザート愛好家、好んでデザートを食べる人」ということである。

単数形のトローガリオンを使った例は次。

正餐の終わりごろに出てくる食事《トローガリオン》は美味い、
たっぷり詰め込んだあとでもね。
（ピンダロス『頌歌集』断片一一一　シュラクサイのヒエロンに寄す）

われわれの周りでも、我が連れ合いのように、ご馳走を存分に頂戴した後なおケーキなどをむしゃむしゃやって、「だってケーキは別腹《べつばら》ですもの」とのたまう女性（だけではない、男性も）が多いが、まさにこの「別腹」という現象、いつの時代にもあるもののようだ。デザートは昔からその出番は容認されているのである。ちなみにここに言う「別腹」とは、異腹つまり妾腹のことではない。腹一杯食べても、もう一つ入るところが違う別の腹があるごとくまだまだ食べられるという生理状態のこと。本邦では箱根以西、いや逢坂山以西で頻用される庶民の生活用語である。

では、古代ギリシアではどういったものがデザートと考えられていたか。果物以外でもいろいろある。

そして食後には漿果………
ヒヨコ豆……エジプト豆
碾き割り小麦、チーズ、蜂蜜、胡麻、
蛙、ブドウ、砂糖漬け、ピラミッドケーキ、
リンゴ、くるみ、牛の乳、麻の実、
貝類、大麦粥、ゼウスの珍味。

（エピッポス断片一三『キュドン』）

「漿果」とは、果肉や水分が多い果物を指す（明治のころの小説などに「水菓子」という表現で出てくる。確か啄木の『鳥影』にあった）。以下に出てくるブドウなどがそう。「ヒヨコ豆（原語はエレビントス）」は、西アジア原産のマメ科植物。インドや南欧に多い。本邦では栽培されていない。食用になる種子がヒヨコ形をしているところからこの名が

ある。英語でもチック・ピーという。次の「エジプト豆」というのはクアモスという語の訳で、豆一般を指すが、ことにエジプト豆を指す。しかしヒヨコ豆のエレビントスのラテン語訳はキケル cicer で、これはエジプト豆のこと。こうなると両者の差異はよくわからないことになる。とにかく豆類である点だけは、両者変わらない。「砂糖漬け」とは砂糖漬けの果物または菓子（砂糖漬けと言うが、古代ギリシアにはわれわれの知るあの砂糖はなかった。料理の甘味を担当したのは主として蜂蜜であったはずである）。「ピラミッドケーキ」とは小麦粉と蜂蜜で作るケーキ。「（ゼウスの）珍味」と訳されたエンケパロスには「脳ミソ」、「椰子の実の芯」、「少量、一口の食べ物」の意味がある。神々の王ゼウスだけが召し上がるような逸品ということか。

「蛙」など、どのようにして食べるのか、焼くのか炊くのか、よくわからないものも混じっているが、ここに上がっているデザートは、果物、木の実、草の実、菓子など概ね身の回りによくある、しかも小型で甘味のあるものと言ってよい。その点はほぼ現代と変わらない。ただ現代ではこれに冷菓が加わってくるが、古代ギリシアには残念ながらアイスクリームはない。コーヒーや茶、ジュースの類は「牛の乳」や「粥」に代わるものと言ってよいかもしれない。

もう少し詳しくデザート模様を告げた文がある。少し長いが引用してみる。書き手はキュテラのピロクセノス（前四三六年〜三八〇年頃）。アテナイオスの引用を借りる。

先刻下げられたテーブルが、ふたたびぴかぴかになって、
よいものを山積みにしてのご入場だ。
はかない命の人間は、これを二の膳と呼ぶが、
神様は、豊饒の角とお呼びになる。そのまん中に、
死すべき者らには大いなる喜びの種、白くて甘い脂肪があって、
蜘蛛の糸にも似る、白い薄衣に身を包む。もし何びとか、
逆しまに流れるアリスタイオスの、乾いた泉から、
子羊どもをさらったのを見られてはならぬと、恥ずかしさゆえに。
その名をアミュロスという、上等の粉の菓子、人々凄まじい手と口で攻めかかれば、
……〈欠落〉……ゼウスのデザートと人も呼ぶ
（召使が）取り分けてくれるのは、臓物と山羊の混ぜ焼き、
コムギカラスムギレウケヒヨコマメヒワショウショウミルクアマミのつき混ぜこね上げ。

……〈テクスト破損〉……これに添えて出されたのは、
コナコネタコンコスケーキと、ユミオリーヴユキツネイロヤキアゲガシ、
丸めていっしょに焼いた、数限りない、甘い……
それに胡麻をまぶして焼いた蜜入り菓子の山、
上等の粉を、ミルクとチーズでこねて、型に入れて焼いたチーズ・ケーキ、
胡麻入りチーズ、揚げて、延ばして、胡麻をまぶしたもの、
お次は紅花で色づけしたひよこ豆、輝く旬のもの、
それから卵と、子供がよくむしゃむしゃやっている、まだ皮も軟らかいアーモンドが並び、
甘味の胡桃、ほか、幸せと富を盛る食膳にふさわしい
かぎりのもの。そして、飲みおさめればコッタボスに歓談、
何か新しい、気の利いたことが言われると、一同讃嘆する。
（ピロクセノス『饗宴』、アテナイオス『食卓の賢人たち』六四三a～d、柳沼重剛訳）

主餐が終わり、食卓がきれいに整え直されて「二の膳」すなわちデザートが始まる。
客は水を貰って手をすすぎ、デザートに備える。

ここには甘い菓子、ケーキの類が多く挙がっている。アミュロスという上質の粉で拵えた菓子、揚げ菓子、胡麻をまぶした蜜入り焼き菓子、チーズケーキ、ヒヨコ豆、卵、アーモンド、胡桃エトセトラ。中ほどに出てくる何やらカタカナを連ねた長ったらしい三つは、訳者の注釈を借りると、「材料と作り方を無造作にふざけて並べてあるだけのもの」である。菓子類の他に臓物と山羊の混ぜ焼きてなものもある。これまた二の膳、つまりデザートである。贅沢を言わなければ、これだけで盃を何杯か乾せそうである。

思い出した。以前に取り上げたアリストパネスの『平和』に出てくる農民たちの小宴会である。宴会というほどのものではない。天気が悪いので農作業を早めに切り上げて、何人か気の合った者同士が炉辺に集まってやる飲み会である。そこに出てくる酒のアテが以下。兎の肉、つぐみ、ひわ（アトリ）の鳥類、豆（エンドウの類）、カシの実、どんぐり、隠元豆、ミルト（ギンバイカ）の実。「二の膳」なんてものは無し。これで全てである。町中に住む市民の宴会で出て来るものに比べるとまことに質素であるが、しかしこれはこれでじつに楽しそうである。焼いたスルメと柿ピーでビールを飲むわれわれと大差ない。

右のピロクセノスにも出ていたアーモンド、またアリストパネスが挙げているギンバイカの実（ここではデザートとしてではないが）は喜劇のなかにデザートとしてよく出てくる。「二の膳」の常連みたいなものである。

甲　デザート用の果物《トローガリア》、ギンバイカの実、平たく焼いた菓子、アーモンド。

乙　それはどれも私にとって、大好物のデザートです。

（ディピロス断片八〇『テレシアス』安村典子訳）

アーモンドは、酒の友としてだけではなく、現代でもピスタチオなどと一緒にアテネの街角の屋台などで売られている「口の友」である。ピスタチオの栽培はエギナ（アイギナ）島が盛んで、アテネのピレウス港からの半日クルーズで訪れたとき、港からアファイア神殿まで行くバス道の傍らの畑に植わった樹に、鈴なりに生っていたのを思い出す。

ピスタチオは古代にもあった。アテナイオスを借りる。

ストア派のポセイドニオスは『歴史』の第三巻でこう書いている、「アラビアとシリアにはペルセイオンの実と、ピスタキオンという木を産する。ピスタキオンには、長くて葡萄の房に似た実がなる。色は灰色がかった白。樹液にいくぶん似た汁がその実から落ちて、たがいに濡らし合う。皮をむくと、緑色を帯びた果肉が現われる。これはストロビオンの松ぼっくりより小さいが、液が豊富であり、香りもよい」。（アテナイオス『食卓の賢人たち』六四九d〜e、柳沼重剛訳）

ピスタキオンというのがピスタチオである。ポセイドニオスは前二世紀から前一世紀の人である。古典古代最盛期からはかなり遠い。それにこれだけではピスタチオ、つまりピスタキオンがアテナイのデザートにどう登場していたか、もう一つよくわからない。

木の実、草の実は庶民の友である。これはギリシアのことではないが、同じ地中海沿岸のスペイン（ここは大昔ギリシア人にもよく知られていた土地）で、かつてマドリードからトレドへ列車で移動中、乗り合わせた田舎のおばさんから「カラバサ」（というもの）を食べさせられたことがある。白い色をした、乾いた、平たい種で、爪で開けて中身をポリポリ食べるとじゅうぶん「口の友」になる。あとで辞書を引いて確認したら「かぼちゃの種」だった。ただこのかぼちゃ、原産地は南北アメリカ大陸だから古代ギリシアでは知られざる野菜だった。

筆者幼少の砌《みぎり》、祖国は大戦争の敗戦直後で老若男女すべて食糧難に喘ぐ時代だったが、あれは荒れ地でも生育したのだろうか、手近かにあった空豆を乾して煎ったのが子供たちの常食のおやつだった（司馬遼太郎が『坂の上の雲』に書いている。日露戦争の日本海海戦の折り旗艦三笠の艦上で参謀秋山真之が一心にボリボリと噛み砕き、周りに嫌な顔をされたという、あれである）。臨海学校にも持って行き、小袋に入れたのを水着の腰に結わえつけておくと、泳いでいるうちに海水を吸って軟らかくなり、適度の塩味が付き、これまた休憩時間の格好のおやつになった。

空豆は西南アジアから地中海域が原産地で、だから古代ギリシア人にも知られた豆類だった。ただ花弁の黒点などから不吉な植物とされていた。乾燥したのを煎ってボリボリという（わが国流の）食べ方が古代ギリシアにもあったかどうか、確認はできていない。

閑話休題。話はデザートだった。そのデザート、つまりは「二の膳」も終わりの時が来る。アテナイオスはこう書いている。

しかし、昔はこの月桂樹の葉の方も食べていたことは、カリアス（かディオクレス）が『キュクロプスたち』という喜劇の中で言っていることからわかる。

そうれ、葉っぱが来たぞ。つまりこれで宴も、だから踊りも、お開きてぇことだ。

（アテナイオス『食卓の賢人たち』一四〇e、柳沼重剛訳）

カリアスというのはギリシア古喜劇の詩人。前四四六年に大ディオニュシア祭で優勝したという記録があるから、前五世紀半ばから後半の人。スーダ辞典を繙けば「カリアスはアテナイの人。喜劇詩人。リュシマコスの子。父親がロープ（スコイニス）を作る職人であったために、スコイニオンという渾名で呼ばれていた」とある。

つまり前五世紀後半のアテナイでの宴会では、カリアスを信頼すれば、「二の膳」は、つまりデザートは、月桂樹の葉を食べて終了したということになる。じっさいに食べたかどうか、実のところはわからないが、そしてあまりおいしそうとも思われないが、とにかく月桂樹の葉が登場することが宴会の修了を告げるものであったらしいと想定できるのである

この章に関しては、このあたりでわたしたちも月桂樹の葉を投げ入れることにしたい。

十　ビール？　ございますとも

ビールを造ったのはエジプト人である、とアテナイオスは言う。

エジプト人は酒を愛し飲むことを愛した。そして、貧しいために葡萄酒が飲めない人々を助けた。とはつまり、そういう人たちも飲めるように、大麦から造った酒［ビール］を造ったのもエジプト人である。こうしてこの酒を飲んだ人々は大喜びで歌ったり踊ったり、酔った人がやりそうなことを何でもやった。アリストテレスが言うには、葡萄酒に酔った人は俯せになるが、ビールを飲んだ人は仰向けに寝る。葡萄酒は頭を重くさせるのに対しビールは頭を麻痺させるからだという。

（アテナイオス『食卓の賢人たち』三四b、柳沼重剛訳）

いや、ほんとうはメソポタミア地方のシュメール人が最初に造った（とされる）。前三五〇〇年〜前三〇〇〇年頃のことである。それが前三〇〇〇年〜前二〇〇〇年頃エジプトに伝わった。これが現代わかっていることだ。アテナイオスには真似のできない現代の高度で広範な探究力のお蔭だろう。

それがギリシアに伝わったのはやっと前五世紀の半ば以降だとされる。アテナイオスにすればこれでも遥か昔のことになる。そのアテナイオスが、それよりも遥か遥か昔からビールを飲んでいた（ことになる）エジプト人をその創始者と考えたのもむべなるかな。いたずらに非難はできない。

ところで右の引用の最後に、葡萄酒とビールとの酔態の違いが出てくる。「アリストテレス曰く」として引かれているのであるが、確かにアリストテレスはそう言っている（断片一〇六）。アテナイオスは、ここことはまた別のところで、その断片を紹介してこう言っている。

しかし、アリストテレスが『酩酊について』で言っているように、大麦で造ったピノンという酒を飲むと、仰向けに倒れる。「しかし、ピノンと呼ばれる大麦酒には、変わったことが起こる。ほかの飲み物に酔った場合には、前後と言わずあらゆる方向に倒れる。すなわち左にも右にも倒れるし、うつ伏せにも仰向けにも倒れる。ところがピノンに酔った者だけは、必ず後ろに倒れて仰向けになる
（アリストテレス『断片』一〇六）」。　　（アテナイオス『食卓の賢人たち』四四七a～b）

大麦酒ピノン（原語ではピーノンと長く発音される）、すなわちビールを飲んで酔っ払うと「必ず後ろに倒れて仰向けになる」という。アリストテレス教授のこの観察はたいへん面白いが、二十一世紀の今日、愚生しかるべき時と場所を選び社会文化的観察を再三にわたって試みてみたものの、とてもじゃないがこれは一概には首肯できる体のものではないと見た。教授が指摘するその理由も、医学的見地からの論証を待たねばならぬことは認めるものの、概して説得性に欠けるものではないか、と私考する。「必ず」と限定するところが、まず非実証的である。それとも古代ギリシアのピノンと現代のビールは、大麦という素材は同じでも、出来上がった製品の内容は両者同一とは言いえないのであろうか。そして中身が違うために酔態も違ってくるのだろうか。

ビールに限らずワインでも、酔態の違いは酒そのものだけではなく飲み手の心理状態、生理状態なども大いに関係してくると思われるが、先の報告にはその点への考察が欠けている。教授は、たとえば失恋の痛手を癒し紛らす酒とはどうやら無縁であっ

たようだ。それなら『酩酊について』という酔態の考察レポートは、完璧な普遍性を期し難いと言わざるを得ない、少なくとも人間学的レポートとしては。ただしレポートは断片のかたちでしか残っていないために速断はできないのだが、ひょっとして抜け落ちた箇所に深淵にして洒脱な人間学的考察が展開されていた可能性が無いわけではない。

酒で酩酊して失恋の傷を癒す事例は古代ギリシアでももちろんあったろうけれど、それを言葉（詩）のかたちで残すことはあまりなかったようで、「酒入り失恋歌」は、近代詩の場合と違って、数えるほどもない（拙著『食べるギリシア人――古典文学グルメ紀行』岩波新書、四九頁以下参照）。酒が「心の憂さの捨て所」になったことは、古代ギリシアでも当然あったと思われるのだが……。レスボス島の酒仙詩人アルカイオスは政争上の鬱屈を酒で紛らわせた。それを詩に書き残している（右の拙著、四四頁以下参照）。

運が悪いとて何も気を塞《ふさ》ぐことはない、
愚痴いふたとて些《すこ》しの得もありはせぬ。
ほれ、ブッキスよ、一等それによい薬は
酒を招《よ》んで存分に酔ふことぢやわい。

（アルカイオス断片三三五、呉茂一訳）

政争われに利あらず野に下って鬱屈していたときの心情の表明だろう。しかるに、残念ながら彼に失恋の歌はない。

先にエジプトとビールとの関わりを取り上げたが、アテナイオスはまたケルト人とビールとの関係についても触れている。

（ケルト人の）金持ちの家の飲み物はイタリア、あるいはマッサリア［マルセイユ］から運ばれてくる葡萄酒で、彼らはこれを水で割らずに飲む。時には少しだけ水を差すこともある。貧しい人々は小麦から造ったジュトス［ビール］に蜂蜜を加えて飲む。多くの人々は何も加えずに飲む。これをコルマという。飲み方だが、彼らはひとつのカップからは少しだけ飲む。しかもそのカップは小さな、一キュアトス［五十ミリリットル足らず］も入らないものである。ただし、カップを替えて何度も飲む。奴隷が酒とカップを右回り、または左回りで配る。こうして酌をしてもらうわけである。彼らは神を礼拝するときも、左にいる者から右回りで順々に地にひれ伏す。（アテナイオス『食卓の賢人たち』一五二c、d、柳沼重剛訳）

先のエジプト人の場合と同様に、ここでもビールは下層階級の人間の飲み物（酒）とされている。上流の富裕な連中は遠く南方の地中海沿岸製のワインを取り寄せて飲んだ（これはアルプス以北の中央ヨーロッパでは、いまと違ってワイン製造が難しく、誰も簡単に手に入らなかったせいか）。高価くついたことだろう。対するに一般庶民はワインを諦めて地元産の大麦を使ったビールを飲む（引用文では「小麦から」造ったジュトス（ビール）とあるが、ふつうビールは大麦から造られる。柳沼訳の註にあるように、「小麦から」とあるのはこの箇所だけである）。

アテナイオスが右の文章を書く前、すなわち前四〇〇年頃には、すでにケルト人はアルプス以北のヨーロッパ、イベリア半島、イギリス（ブリタニア）に分布し存在していた。前一世紀、膨張する古代ローマ帝国は右の各地へ進出し、葡萄の栽培技術をもたらした。葡萄が栽培されれば葡萄酒も醸造される。しかしアテナイオスの時代、ケルト人の分布地帯の中部ヨーロッパでのワイン醸造量はまだ僅かなものであったろう。金持ちは飲もうと思えば南方から輸入して飲むことができたろうが、一般庶民には高嶺の花で、容易に手に入るビールで喉を潤すしかなかった。ただ珍しいことに、一部はビールに蜂蜜を混ぜて飲んだとある。現代のわれわれには些か異な感じがするが、試みてみる価値があるかもしれない。ただしビールそのものが、おなじ大麦から造るとしても現代のそれとどう違うものであったか、製造法と出来上がった製品の質の違いが問題ではあるのだが。

前一世紀カエサル（＝シーザー）旗下のローマ軍はライン河以西のガリア（現フランス、ベルギー一帯）を制圧したが、ライン河以東にはゲルマンの諸部族が割拠していてローマ帝国領化することははなはだしく困難だった。その状態はローマ帝国が滅亡する後五世紀中葉まで続いた。文化と酒が密接に繋がるものであるとすれば、ライン河以東、そしてドナウ河以北の地にはローマ文化の波及が遅れ、その文化を担う酒ワインの普及も遅れたことになる。

カエサルは『ガリア戦記』の中でライン河を挟んで対峙するゲルマン人の習性について面白いことを言っている、「葡萄酒（vinum）は完全に輸入禁止である。そういうものは人間を柔弱で女々しくし、労苦に耐えられないようにすると考えているためである」（『ガリア戦記』Ⅳ、2、高橋宏幸訳、岩波書店、二〇一五年）と。ゲルマン人の文化の根っこにあったのはワインではなくてビールだった、と言えるかもしれない（ただしカエサルはビールについてはことさらに言及していない）。ほどなくして、といっても紀元後であるが、キリスト教化する中部ヨーロッパには司教座都市が生まれ、教会を通じてあっという間にワインが浸透していったけれども。ただ「人間を柔弱にする」という観点に限れば、ワインもビールも同等である。あとは飲む量の問題だろう。ただ現今、たとえばドイツ人が飲むビールの量は半端なものではないが、だからといって彼らが「柔弱」だとはとても言えない。ビールをワインに代えても結果は同じことだろう。とすればカエサルの観察はゲルマン人に対する南方のラテン人の要らぬ心配なのだろうか。いや、一概に杞憂とは言い切れない、酒類に対する人間一般の心中に隠れた懸念を、ひょっとして自戒を込めて、表明したものかもしれない。ローマ人はさておいても先輩のギリシア人は酔余狼藉に及ぶこと多々あり、各自宿酔い対策までいろいろ考えているからである（先に上げた拙著『食べるギリシア人』六五頁以下を参照されたし）。

話をちょっと戻そう。ケルト人の話である。ケルト人は大陸を西進し、ブリテン島（イギリス）へ渡り、さらに西のアイルランドに達したと言われる。そのアイルランドに伝わるケルト人の祝祭について次のような記述がある。

二月一日、二日に祝われるイムボルク（＝春祭り）は、牝羊の授乳にかかわっていた。この祝祭はブリギット（＝アイルランドの女神）信仰と結びついていたが、この女神は多くの役割を荷った神で、出産をする女性を保護し、ビールの生産を司り、詩や予言にもたずさわっていた。

（M・J・グリーン『ケルトの神話』市川裕見子訳、丸善ブックス　〇六二、平成九年）

女神ブリギットはビールの生産に心を砕いていたとある。ケルト人は「ビール文化の民」だったのである。

そのケルト人が西へ去ったあと、アルプス以北のヨーロッパ、特にその東北部はゲルマン人の居住地となるが、カエサル以後の時代のその動向を伝えるのがローマの歴史家タキトゥス（紀元五五年頃〜一一七年）の文化人類学的著作『ゲルマニア』である。その中に飲食に関する短章がある。それを引いてみる。

飲料には、大麦または小麦より醸造《つく》られ、いくらか葡萄酒に似て品位の下がる液がある。［レーヌスおよびダーヌウィウスの］河岸に近いものたちは、葡萄酒をさえ購《あがな》っている。食物は簡素であって、野生の果実、新しいままの獣肉、あるいは凝乳。彼らは調理に手をかけず、調味料も添えずに餓えをいやす。しかし、彼らは渇き（飲酒）に対してこの節制がない。もしそれ、彼らの欲するだけを給することによって、その酒癖を擅《ほしいまま》にせしめるなら、彼らは武器によるより、はるかに容易に、その悪癖によって征服されるであろう。

（タキトゥス『ゲルマーニア』泉井久之助訳注、一〇八頁、岩波文庫）

「大麦または小麦より醸造られ、いくらか葡萄酒に似て品位の下がる液」とはビールのことである。レーヌス（＝ライン）、ダーヌウィウス（＝ドナウ）の両河川に近い所に住む者は葡萄酒を「購《あがな》って」、すなわち輸入して飲むことはあったが（カエサルでは葡萄酒は「輸入禁止」とあった）、大部分のゲルマン人は酒といえばビール、すなわちビールを主飲料としていたことがわかる。ここの訳注には「ビールを永持ちさせるためにホップの類の「にが草」をまぜることも知られていた」、とある。すでに二〇〇〇年以前にである。葡萄酒よりも「品位が下がる」かもしれないが、それなりの工夫はされていたわけで、ホップが利いているとなると、ひょっとして味わいも現代のものと案外違わないものであったかもしれない。

引用文の後半はゲルマン人の国を潰しかねないほどの飲酒癖に言及しているが、タキトゥスより百年前のカエサルもそれに触れていた（その場合の酒はビールでなくてワインだったが）。しかしゲルマン人はよく節制し、国を維持した。逆に飲酒の怖さを指摘した地中海のローマ人のほうが、このあと国を潰すことになった。ローマ人は葡萄酒すなわちワインをよく飲んだが、もちろんそれだけで国を潰したわけではない。ただビールよりもワインのほうが飲酒癖を強め、人をして悦楽に奔らせる度合いが高いような、そんな気がしないでもない。悦楽に耽りすぎると国政がおろそかになる。これはありそうだ。国政がおろそかになれば……国は潰れる。だからワインを飲みすぎて国を潰す、というのはまだわかるが、ビールを飲みすぎてもなぁ……という気がする。それはさておき「酒が国を潰す」とは、お堅い禁酒協会のスローガンめいていて、いささかの可笑し味がある。いや、笑っている場合ではない。われらも自戒あるべし。「国を潰す」とはちょっと大げさだとしても、「酒で家（あるいは家庭）を潰した輩」はわれらが周囲に少なからずいるからだ。

酒に酔って吐く若者　酒盃の絵　前480年ごろ

あとがき

古代地中海海域の住民たち――概ね古代ギリシア、ローマ時代の人間を想定している――彼らは何をどのように食べかつ飲んでいたか？　現代と比べて飲食の環境はけっして恵まれていなかったはずだが、いや、いや、驚くほど多種多様な食材を心ゆくまで堪能している。

食事は愉楽である。人間、旨い食事にありつけばたちまちにして心は喜び溢れ、舌は鼓を打ち、満面笑みこぼれる。そのいっときの歓楽を、彼らはそれぞれに書き記した。それがいまに残っている。多種多様な食材、その調理法、食事風景、その品定め――上に見て来たとおりである。

主食のパンもいろいろある。肉もある。魚もある。もちろんワインは食事に欠かせない貴重な伴侶だ。新酒も古酒も銘酒もそろっている。ワインに馴染みがない層をお顧客《とくい》とするビールの紹介まであって、至れり尽くせりである。

食卓の周辺、会食の有様、宴会と余興にも触れられている。二の膳（デザート）もある。果物、ケーキ、菓子類――現代と変わらない。

食事、それは人間が営む主要な日常行為の一つである。そのことに時代的差異があるわけがない。いつの時代にも共通の人間的行為、日常行為である。ただ二千年前の人間の食生活を見ると、その時代なりの彼らの日常生活の一端が見えてくるのではないか。それは現代のわれわれのものとどう違うのか？　いや同じなのか？

人間にとって食事は愉楽である。二千年前の彼らがいまの世に来ても食卓で愉楽の時を過ごすだろう。その逆も可だ。しかしまた時代はさまざまな差異をもたらす。二千年前の食卓に顔を、いや、口を出して時代相を探ってみるのも一興ではないか。われわれのものとどう違うのか？　いや、同じなのか？　読者諸兄妹のお考えを拝聴したい。

引用詩文は多くの方々の翻訳を使用させていただいた。訳者名のないのは拙訳である。

今回も未知谷のご配慮で上梓に漕ぎ着けることができた。記して感謝の念を表したい。

二〇二三年八月一日　神戸魚崎

丹下和彦

たんげ　かずひこ

大阪市立大学名誉教授　関西外国語大学名誉教授
1942年　岡山県生まれ
1964年　京都大学文学部卒業
『女たちのロマネスク』東海大学出版会
『旅の地中海』京都大学学術出版会
『ギリシア悲劇』中公新書
『ギリシア悲劇ノート』白水社
『食べるギリシア人』岩波新書
エウリピデス『悲劇全集１～５』訳、京都大学学術出版会
『ギリシア悲劇入門』『ギリシア悲劇の諸相』未知谷

ご馳走帖

古代ギリシア・ローマの食文化

2023年 9 月15日初版印刷
2023年 9 月30日初版発行

著者　丹下和彦
発行者　飯島徹
発行所　未知谷
東京都千代田区神田猿楽町 2 丁目 5-9　〒 101-0064
Tel. 03-5281-3751 / Fax. 03-5281-3752
［振替］ 00130-4-653627

組版　柏木薫
印刷所　モリモト印刷
製本所　牧製本

Publisher Michitani Co, Ltd., Tokyo
Printed in Japan
ISBN 978-4-89642-698-4　C0098

地中海世界

スキュティア
マイオティス
（アゾフ海）
人寄せ付けぬ海
（黒海）
コルキス
ビュザンティオン
アブデラ
ペラ
トロイア
ア海
アテナイ
スパルタ
キリキア
エーゲ海
シュリア
キュプロス
パポス
シドン
テュロス
フェニキア
アラビア
アレクサンドリア
リビュア
エジプト
ナイル河
アラビア湾